AF 126065

Perspektive Pensionopolis!

GÖRLITZER BEITRÄGE ZU REGIONALEN TRANSFORMATIONSPROZESSEN

Herausgegeben von Eckehard Binas, Stefan Kofner, Joachim Schulze, Erika Steinert, Gisela Thiele und Norbert Zillich

Band 1

PETER LANG

Frankfurt am Main · Berlin · Bern · Bruxelles · New York · Oxford · Wien

Erika Steinert/Norbert Zillich (Hrsg.)

Perspektive Pensionopolis!

Anfragen an eine alternde Gesellschaft am Beispiel
der Europastadt Görlitz/Zgorzelec
in der Euroregion Neiße

PETER LANG
Europäischer Verlag der Wissenschaften

Bibliografische Information der Deutschen Nationalbibliothek
Die Deutsche Nationalbibliothek verzeichnet diese Publikation in
der Deutschen Nationalbibliografie; detaillierte bibliografische
Daten sind im Internet über <http://www.d-nb.de> abrufbar.

ISSN 1862-507X
ISBN-10: 3-631-55379-X
ISBN-13: 978-3-631-55379-4

© Peter Lang GmbH
Europäischer Verlag der Wissenschaften
Frankfurt am Main 2007
Alle Rechte vorbehalten.

www.peterlang.de

Inhaltsverzeichnis

Vorwort

Eine Hochschule in einem Dreiländereck, dem deutsch-polnisch-tschechischen zumal, verfehlt ihren Auftrag, wenn sie den Kontakt zu den Nachbarn nicht pflegt. Bereits vor dem EU-Beitritt Polens und Tschechiens im Jahre 2004 kooperierte die Hochschule Zittau/Görlitz (FH) mit den Hochschulen der Euroregion Neiße. Mit dem EU-Beitritt sind die Kontakte noch selbstverständlicher geworden. Der Fachbereich Sozialwesen der Hochschule Zittau/Görlitz (FH) hat sich früh mit einem Projekt grenzüberschreitender Sozialer Arbeit (GÜSA), das mittlerweile zu einem Verein geworden ist, in der trinationalen Vernetzung sozialer Dienste hervorgetan. Vor diesem Hintergrund ist die Fokussierung eines alle drei Länder betreffenden Themas wie dem der demografischen Alterung in einer Fachtagung nur folgerichtig.

Als Träger dieser Tagung fungierten der Fachbereich Sozialwesen, das Hochschul-Institut für Transformation, Wohnen und soziale Raumentwicklung (TRAWOS) sowie der Verein für grenzüberschreitende soziale Arbeit (GÜSA e.V.). Diese Verbindung kommt nicht von ungefähr. Der Fachbereich Sozialwesen will sich im Bereich der Lehre durch die Einführung eines Master-Studienganges Soziale Gerontologie profilieren, TRAWOS beabsichtigt neben anderem, anwendungsbezogene gerontologische Forschungsprojekte einzuwerben und GÜSA e.V. will die grenzüberschreitende Zusammenarbeit von Trägern Sozialer Arbeit auch in der Altenhilfe fördern.[1]

Wir freuen uns, als Schirmherrin der Tagung die Ministerin für Soziales des Freistaates Sachsen, Frau Helma Orosz, gewonnen zu haben. Ihr Ministerium hat darüber hinaus großzügig die Übersetzungen der Beiträge für diesen Tagungsband gefördert. Dafür sprechen wir unseren herzlichen Dank aus.

Wenngleich einige ReferentInnen der Tagung nicht mehr für die Verschriftlichung ihrer Beiträge gewonnen werden konnten, gibt der Band den Verlauf der Tagung in repräsentativer Weise wieder. Das Veranstaltungskonzept bestand darin, ländervergleichende Ist-Analysen zur demografischen Alterung und Situation alter Menschen, innovative Praxisprojekte zur Versorgung älterer Bürgerinnen und Bürger sowie Artikulationen politischer Interessen aus polnischer, tschechischer und deutscher Sicht zusammenzuführen. Über hundert Teilnehmer und Teilnehmerinnen aus der Wissenschaft, dem Sozialbereich, aus Ministerien, Kommunen und Landkreisen hatten sich schließlich eingefunden.

---

[1] Während GÜSA auf eine lange Tradition trinationaler Tagungen zurückblicken kann, war dies die erste Tagung des ein Jahr zuvor gegründeten interdisziplinär Bau-, Sozial- und Wirtschaftswissenschaften vereinenden TRAWOS-Instituts. Die im Institutsnamen genannten Gebiete Transformation, Wohnen und soziale Raumentwicklung bearbeiten die Institutsmitglieder im Hinblick auf Spezifika des Lebens, Arbeitens und Wohnens in Grenzregionen.

Bei der Fertigstellung dieses Tagungsbandes waren viele Menschen hilfreich. Ein besonderer Dank gilt den Übersetzerinnen Elzbieta Rak und Iva Wolf, dem Korrektorat-Team bestehend aus Prof. Sadowski-Marek, Petra Sochova, David Hahn und Sylvia Seits sowie last but not least unserer schreibtechnischen Gestalterin Karin Maiwald.

Prof. Dr. Norbert Zillich   Prof. Dr. Erika Steinert

Dekan des Fachbereichs Sozialwesen   Direktorin des TRAWOS-Instituts der
der Hochschule Zittau/Görlitz   Hochschule Zittau/Görlitz

Prof. Dr.-Ing. habil. Rainer Hampel

Rektor der Hochschule Zittau/Görlitz (FH)

Sehr geehrte Damen und Herren,

für den Rektor einer Hochschule gehört es zu den erfreulichsten Aktivitäten, mit einem Grußwort eine wissenschaftliche Veranstaltung zu eröffnen. Auch diese Fachtagung zeugt von der Bereitschaft und Fähigkeit unserer Hochschullehrer und Studierenden, aktuelle Problemstellungen in einem schwierigen Umfeld aufzugreifen und nach zukunftsorientierten Lösungen zu suchen. In diesem Sinne wird unsere Hochschule immer mehr und immer öfter als Partner für die Entwicklung unserer Region im wirtschaftlichen, sozialen und kulturellen Umfeld wahrgenommen. Deshalb gilt zuerst mein Dank den Organisatoren und Referenten dieser Fachtagung.

Es gibt glückliche Zufälle. Vor einigen Wochen hat meine Frau mir ein Buch besorgt mit dem Titel "Epochenwende - gewinnt der Westen die Zukunft", geschrieben von einem profilierten Sozialforscher Deutschlands, Meinhard Miegel. Gemeint ist nicht etwa Westdeutschland, sondern die westliche Kulturgesellschaft europäischer Prägung.

Ich bin kein Freund von Zitaten, da ich aber meine Meinung nicht besser formulieren kann, greife ich ein Zitat aus dem Einband auf:

"Das Erfolgsmodell Europas und des Westens insgesamt kann nicht mehr quantitatives Wachstum sein. Gefordert sind die Kreativität, haushalterische Ausschöpfung unser geistigen, kulturellen und materiellen Ressourcen, ein intelligenterer, nachhaltigerer und solidarischer Umgang mit den vorhandenen Kräften. Nicht sinnleere Expansion, sondern die Rückbesinnung auf die Tugenden der Beschränkung und des Ausgleiches ist das Rezept für die auch demographisch stagnierenden westlichen Gesellschaften."

Betrachtet wird unter anderem die demographische Entwicklung, gespiegelt an den Prozessen der Globalisierung, eine aus der Sicht der heute Lebenden durchaus positive Entwicklung, aber mit fatalen Folgen.

1950 betrug die Geburtslebenserwartung bereits über 70 Jahre, sie ist um weitere sieben Jahre gewachsen bis zum Jahr 2000. Vorhergesagt wird ein Medianalter von 47 Jahren für Europäer. Die Bevölkerungszahl in Europa wird dabei rückläufig sein, wobei die Zahl der unter Zwanzigjährigen von 25 % auf 20 % zurückgehen wird. Das wurde lange verdrängt. Miegel schrieb dazu: "Dabei wurde übersehen, dass in der Zwischenzeit nicht mehr die Mütter geboren werden, die eines Tages den Bevölkerungsschwund hätten aufhalten können."

Sie beschäftigen sich heute und morgen mit einem Detailproblem dieser Prozesse, zugeschnitten auf die Stadt Görlitz. Die Antworten auf die Fragen an die alternde Gesellschaft könnten für Europa beispielhaft oder noch besser zukunftsweisend sein.

Die Lösungsansätze für eine Stadt wie Görlitz und viele andere Städte in Ostdeutschland bzw. in ganz Europa sehe ich vor allem in einer veränderten Wirtschafts- und Sozialpolitik. Gute Lebensbedingungen für alternde Menschen zu schaffen in einer lebenswerten Umwelt bedeutet vor allem auch, den jungen Menschen eine Perspektive zu geben. Die Hochschulen in unserer Region binden ca. 5.000 Studierende, betrachten wir die Region des Akademischen Koordinierungszentrums, sind es ohne Wroclaw mehr als 20.000 Studierende. Die Förderung des Ausbaus der Hochschullandschaft kann zu einer wesentlichen Verbesserung der Altersstruktur in unserer Region führen. Zu klären ist die grundsätzliche Frage der Wirtschaftspolitik: Sollen die Menschen weiter zur Arbeit wandern bzw. abwandern oder soll die Arbeit zu den Menschen wandern?

Die Entwicklung der Wirtschaft und der Wissenschaftslandschaft in unserer Region ist eine der wichtigsten Voraussetzungen auch dafür, dass wir alternden Menschen in unserer Region ein besonders gutes kulturelles und sozial abgesichertes Umfeld bieten können. Dieses zu schaffen sollte das gemeinsame Anliegen der Städte, der Gemeinden, der Wirtschaft und der Hochschule sein.

Ich bin sicher, dass die Fachtagung dazu wichtige Impulse geben wird. Dazu wünsche ich Ihnen interessante Vorträge und Diskussionen sowie den Gästen von außerhalb einen angenehmen und nachhaltig wirkenden Eindruck von unserer Region hier in der Oberlausitz und Niederschlesien.

Michael Hannich

Referatsleiter im Sächsischen Staatsministerium für Soziales

Vertreter der Schirmherrin Frau Helma Orosz, Ministerin für Soziales des Freistaates Sachsen

Sehr geehrte Damen und Herren,

herzliche Grüße überbringe ich von Frau Staatsministerin Helma Orosz. Mit Freude hat sie die Schirmherrschaft über die wissenschaftliche Fachtagung „Perspektive Pensionopolis?" übernommen. Leider kann Frau Orosz aus terminlichen Gründen nicht selbst an der Tagung teilnehmen. Sie bat mich, Sie – hier in Görlitz – herzlich zu grüßen.

Als Görlitzerin, hier geboren, hier zur Schule gegangen und die erste berufliche Ausbildung absolviert, ist die Ministerin dieser Stadt besonders verbunden. Für mich als Görlitzer und Absolvent dieser Hochschule ist es ebenfalls eine besondere Freude, Ihnen die Grüße aus der Landeshauptstadt zu überbringen.

Ein Grußwort unterscheidet sich von den Fachbeiträgen. Daher will ich nur kurz auf das Thema der Fachtagung eingehen.

„Anfragen an eine alternde Gesellschaft", heißt es im Untertitel.

Die so genannte alternde Gesellschaft steht im Mittelpunkt der Überlegungen. Diese Gesellschaft ist gekennzeichnet einerseits durch eine Zunahme der mittleren Lebenserwartung und andererseits durch niedrige Geburtenraten – beide Phänomene sind bereits seit Jahrzehnten zu beobachten.

Jährlich nimmt die mittlere Lebenserwartung in Deutschland derzeit um etwa sechs Wochen zu. Mit jedem Kalenderjahr gewinnt also der Durchschnittsbürger, die Durchschnittsbürgerin sechs Wochen Lebenszeit. Oder anders gesagt: Ein Jahr ist für uns nicht 52 Wochen lang, sondern 58 Wochen. Ein Ende dieser Entwicklung ist zurzeit noch nicht abzusehen.

Die Folge: Das Alter ist wesentlich differenzierter geworden. Es gibt nicht mehr „die Alten".

Im Zusammenhang mit der demografischen Entwicklung ist häufig von der Bevölkerungspyramide zu hören, die auf dem Kopf steht. Was wäre denn eine optimale Bevölkerungsstruktur? Doch nicht die Pyramide. Diese ist bekanntlich durch eine hohe Geburten- und eine gleichzeitig hohe Sterberate gekennzeichnet. Die klassische Pyramide charakterisiert folglich Länder einer vorindustriellen Entwicklungsstufe. Neben der natürlichen Bevölkerungsbewegung durch Geburt und Tod spielt insbesondere im regionalen Bereich die Wanderungsbewegung eine charakteristische Rolle. Was heißt das für die Regionalentwicklung?

9

Bekanntlich trug Görlitz schon vor 100 Jahren den Beinamen „Pensionopolis". Und vor 200 Jahren soll Georg Büchner seine Heimatstadt Darmstadt als Pensionopolis bezeichnet haben. Alterssitz höherer Beamter, Alterssitz ausgedienter Offiziere; alles gut betuchte Leute, so heißt es.

Aber auch heute scheint der Titel „Pensionopolis" gefragt: Wiesbaden, Baden-Baden, ja sogar die Bundesstadt Bonn. Selbst im österreichischen Graz hieß es anlässlich des Spatenstichs für ein geriatrisches Krankenhaus vor sechs Monaten: „Pensionopolis gesichert!"

Apropos Graz, bekanntlich europäische Kulturhauptstadt des Jahres 2003. In einer Sendung des SÜDWEST Fernsehens wurde über diese Stadt wie folgt berichtet: Wegen des angenehmen, milden Klimas und der städtebaulichen Verwandtschaft mit Wien zogen viele Offiziere der ehemaligen Monarchie in ihrem Ruhestand ins geruhsame Graz. Das brachte der Stadt bald den Spitznamen Pensionopolis ein. Zwar gibt es keine kaiserlichen Pensionäre mehr, wohl aber viele Senioren. Vielleicht lockte gerade dieser geruhsame Lebensstil in den wilden sechziger Jahren junge Künstler an: Berühmte Literaten wie Peter Handke, Barbara Frischmuth, Ernst Jandl oder Gerhard Roth schlossen sich im "Forum Stadtpark" zusammen und brachten frischen Wind ins Kulturgetriebe. Alljährlich findet als indirekte Folge das Avantgardefestival Steirischer Herbst statt, es werden moderne Opern und Theaterstücke sowie Konzerte zeitgenössischer Musik aufgeführt.[1]

Lassen Sie mich am Ende meines Grußwortes das Zitat auf Görlitz und diese Fachtagung übertragen. Dann heißt es nicht: Perspektive Pensionopolis? – Fragezeichen – Anfragen an eine alternde Gesellschaft, sondern: Perspektive Pensionopolis! – Ausrufungszeichen – Aufgabe einer gereiften Gesellschaft.

Ich wünsche uns allen eine zukunftsweisende Perspektive, interessante Referate, fruchtbare Diskussionen sowie der Fachtagung einen guten Verlauf.

---

[1] http://www.swr.de/kaffee-oder-tee/reise/2002/06/20/ (14.11.2005)

Prof. Dr. phil. Norbert Zillich

Dekan Fachbereich Sozialwesen, Hochschule Zittau/Görlitz

Sehr geehrte Damen und Herren,

es freut mich, Sie als Dekan des Fachbereichs Sozialwesen am Standort Görlitz unserer Hochschule so zahlreich willkommen heißen zu können.

Der Fachbereich Sozialwesen, an dem Sie sich befinden, ist ein Ergebnis sozialer Transformation. Im Nach-Wende-Umstrukturierungsprozess der sächsischen Hochschulen wurde die Stadt Görlitz aus strukturpolitischen Gründen zu einem neuen Hochschulstandort erkoren und zum lokalen Zwilling der bis dahin bestehenden Technischen Hochschule in Zittau. Mit dieser Entscheidung veränderte die Hochschule nicht nur ihren regionalen Charakter, im Status einer Fachhochschule erweiterte sich mit der Neugründung des Fachbereichs Sozialwesen im Jahre 1992 ihr Angebotsspektrum an gegebenen Wissenschaftsdisziplinen. Zu den bereits vertretenen Ingenieur- und Wirtschaftswissenschaften kamen die Sozialwissenschaften hinzu.

Mittlerweile ist der Fachbereich Sozialwesen die zweitgrößte Struktureinheit unserer Hochschule, an der jeweils rund 600 Studentinnen und Studenten immatrikuliert sind und 21 Professorinnen und Professoren, acht akademische Mitarbeiterinnen und Mitarbeiter sowie zwei Verwaltungsfachkräfte arbeiten. Die Einführung von drei Diplom-Studiengängen, Soziale Arbeit 1992 mit 90 Studienplätzen pro Jahr, Heilpädagogik 1994 mit 30 Studienplätzen pro Jahr und Kommunikationspsychologie 1997 mit ebenfalls 30 Studienplätzen pro Jahr spiegelt sowohl kapazitär als auch fachlich eine dynamische Entwicklung wider. Der Einzug in unseren Fachbereichsneubau im Jahre 2002, das Hermann-Heitkamp-Haus, benannt nach unserem Gründungsdekan, unterstreicht diese dynamische Entwicklung in symbolischer Weise. Es stellt attraktive und zeitgemäße Arbeitsbedingungen für Lehre, Forschung und den Theorie-Praxis-Dialog zur Verfügung.

Die drei Studiengänge unseres Fachbereiches sind im Sinne einer Voll- und Überauslastung bisher stets gut nachgefragt. Sie ermöglichen den Erwerb von Hochschulabschlüssen und Berufen, die im geographischen Einzugsbereich der ehemaligen DDR neu sind. Das brachte und bringt die besondere Aufgabe mit sich, diese Berufe im Austausch mit einer sich ebenfalls neu entfaltenden Trägerlandschaft sozialer Dienstleistungen positiv zu etablieren und gesellschaftlicher Akzeptanz zuzuführen – eine Aufgabe, die manchmal mühsam war und ist. Der Diplom-Studiengang Soziale Arbeit führt zu einem lang eingeführten Berufsabschluss. Der Studiengang Heilpädagogik, sonst mittlerweile in Deutschland ausschließlich an kirchlichen Hochschulen vertreten, ist spezialisiert auf besondere Bedarfe in der Versorgung behinderter Menschen und ihres Lebens-

11

umfeldes. Der Diplom-Studiengang Kommunikationspsychologie geht auf eine fachpolitische Initiative zurück, Psychologie mit innovativen Schwerpunkten, z. B. Multi-Media, neben den Universitäten an Fachhochschulen einzurichten.

In seiner Aufgabe des Theorie-Praxis-Transfers hat sich der Fachbereich Sozialwesen von Anfang an in besonderer Weise der grenzüberschreitenden Zusammenarbeit im hiesigen Dreiländereck Deutschland - Polen - Tschechien gewidmet. Die trinationale Ausrichtung unserer Tagung ist kein Zufall, die Wirkung unserer Tätigkeit in der Region ein zentrales Anliegen. Vor diesem Hintergrund ist auch das Thema dieser Tagung einzuordnen - der demographische Wandel, insbesondere die demographische Alterung, in der Europastadt Görlitz/Zgorzelec und in der Euroregion Neiße.

Als ein Produkt sozialer Transformation in der Nach-Wende-Zeit besteht, so möchte ich es formulieren, eine besondere Verpflichtung für den Fachbereich Sozialwesen unserer Hochschule darin, einschneidende aktuelle soziale Veränderungen zu registrieren und in ihrer unmittelbaren Bedeutung für die Region zum Thema zu machen. Für Ostsachsen sind die Prognosen aus der Folge von Abwanderung und Überalterung bekannt. Unsere polnischen und tschechischen Gäste werden uns Daten und Trends aus ihren Grenzregionen berichten. Die Tagung soll dazu beitragen, einen übergreifenden Eindruck zu erhalten und erste Aussichten auf gemeinsame Schritte in der konstruktiven Bewältigung der demographischen Alterung in einem zusammenwachsenden Europa ermöglichen.

Meine Damen und Herren, ich wünsche Ihnen und uns heute und morgen einen angenehmen und anregenden Fachaustausch und danke für Ihre Aufmerksamkeit.

Prof. Dr. phil. Erika Steinert

Direktorin des TRAWOS-Institutes an der Hochschule Zittau/Görlitz (FH)

Erste Vorsitzende des GÜSA e.V.

Sehr geehrter Herr Hannich,
sehr geehrte Frau Zettwitz,
sehr geehrte Stadträtinnen und Stadträte
sehr geehrte Damen und Herren,

wir werden weniger, älter und bunter, so lässt sich die demografische Situation zusammenfassen[1];

- weniger, da wir Frauen, insbesondere wir Akademikerinnen, angesichts mangelnder gesellschaftlicher Unterstützung keine Kinder mehr kriegen wollen. In der Sprache der Statistik hat im Durchschnitt jede Frau nur 1,3 Kinder.

- Älter werden die einzelnen Menschen ebenso wie - auf Grund der niedrigen Geburtenrate - der Anteil älterer Menschen steigt.

- „Bunter" werden wir, da die „Pluralisierung" der Gesellschaft sich in unterschiedlichsten Lebensentwürfen äußert und wir darüber hinaus als Einwanderungsland eine ethnisch gemischte Gesellschaft sind.

In dieses Bild passt es und ist unverkennbar, dass die Professoren und Professorinnen des die Tagung organisierenden TRAWOS-Instituts der Generation 50+ angehören. Verfolgen wir mit der Tagung eigennützige Interessen? Sorgen wir für die Zeit unserer Emeritierung vor, wollen wir aus Görlitz ein Rentner- und Renterinnen-El Dorado – eben Pensionopolis – machen, aus der Not, dass junge Menschen abwandern, eine Tugend und deswegen den Schwerpunkt auf eine altengerechte Stadt legen? Besiegelten wir damit nicht das drohende Schicksal Görlitz', vollends auszubluten?

Sicherlich wollen wir letzteres nicht, ebenso wenig wie wir alte gegen junge Menschen ausspielen wollen! Wir meinen aber, dass der demografische Wandel einen Perspektivenwechsel überfällig macht. Gestatten Sie mir ein paar einleitende Hinweise auf diesen demografischen Wandel:

Sachsen ist im Vergleich aller Bundesländer mit einem Durchschnittsalter von 44,4 Jahren das „älteste" Land Deutschlands[2]: Das Durchschnittsalter ist in Deutschland insgesamt zwei Jahre jünger. Wir wissen, warum!

---

[1] So der Präsident des Deutschen Verbandes für Wohnungswesen, Städtebau und Raumordnung Gernot Killer

[2] Die rasante Geschwindigkeit dieses Wandels ist völlig ungewöhnlich für ein Industrieland: Der Anteil der Generationen 65+ ist seit 1960 von 10 % auf fast den doppelten Wert (19%) gestiegen!

Weil junge Menschen, insbesondere junge Frauen, abwandern[3] und infolge-
dessen Kinder und Jugendliche ebenso wie die abgewanderten jungen Erwach-
senen in Sachsen fehlen. Die jungen Frauen bringen ihre Kinder vor allem in
Süddeutschland zur Welt.

Eine weitere Folge ist, dass die Sächsinnen mit 46,5 Jahren im Schnitt reichlich
vier Jahre älter sind als die männlichen Sachsen.

Worauf wir mit der Tagung vor diesem Hintergrund hinauswollen, ist Dreierlei:

Wir wollen Anstoß zu einem Perspektivenwandel, zu einer ressourcen-
orientierten Perspektive auf ältere Menschen geben und dazu beitragen, dass alte
Menschen als attraktive BewohnerInnen unserer Stadt entdeckt werden. Im einzelnen wollen wir dazu beitragen, dass

1. der demografische Wandel als produktive Kraft für Innovationen und als
    Motor regionalwirtschaftlicher Entwicklung gesehen wird

2. Stadtentwicklung als altengerechte und gleichzeitig generationen-, ge-
    schlechter- wie kulturenintegrative Querschnittsaufgabe bei systematischer
    Integration der relevanten Politikfelder verstanden wird

3. die Kommune die Mitwirkung der älteren (und jüngeren Bürger und Bürge-
    rinnen aktiv einfordert und nicht nur zugesteht!

Von folgenden Überlegungen und Anliegen gehen wir dabei aus:

1. Die gestiegene Lebenserwartung bringt Chancen mit sich, die für den Ein-
    zelnen und die Gesellschaft besser genutzt werden könnten. Die Gesellschaft
    kann es sich nicht leisten, auf diese Potenziale zu verzichten![4]

Alte Menschen werden als eine Belastung für die Gesellschaft, eine „Prob-
lemgruppe" wahrgenommen, welche die Gesellschaft und die Volkswirt-
schaft einiges kostet und privat viel Mühe verursacht. Dies trifft jedoch nur
auf die kleine Gruppe Hochbetagter zu.

Wir sollten das Alter sehen, als das, was es im demografischen Wandel geworden ist: als eine eigenständige Lebensphase mit eigenen Qualitäten. Wer
wollte älteren Menschen Vitalität absprechen? Ihre Kaufkraft und Konsum-
freude macht sie für die Wirtschaft attraktiv, sie geben für manche Güter ü-
berdurchschnittlich viel Geld aus - für Gesundheitspflege, Freizeit, neue Au-
tos und Pauschalreisen beispielsweise.

---

[3] im Jahr 2004 1.395 mehr Frauen unter 25 als Männer im gleichen Alter

[4] Staatssekretär BMFSFJ Peter Ruthenstroth-Bauer weist darauf hin. Das EU-Grünbuch ist
    ein wichtiger Meilenstein für eine neue ressourcenorientierte Perspektive auf den demo-
    grafischen Wandel.

2. Eine Vergreisung der Stadt kann niemand wollen; die Kommune muss vielmehr alle Generationen im Blick haben, Stadtentwicklung also generationen-
und geschlechterintegrierend gestalten. Diesbezüglich muss das Politikver-
ständnis wohl grundsätzlich überdacht werden, ist eine ämterübergreifende
Bearbeitung der kommunalen Aufgaben doch erforderlich.

Aber nicht genug damit - die Europastadt verlangt Interkulturalität, eine kul-
turenintegrative Politik im Rahmen eines von den beiden Kommunen Görlitz
und Zgorzelec gemeinsam getragenen Stadtentwicklungskonzeptes. Dafür
müssen Räume gegeben sein, grenzüberschreitende Begegnungsstätten im
Sport, in der Kultur, in der Bildung, in denen Interesse und Neugier an der
jeweils anderen Kultur geweckt und geäußert werden kann, so wie es punk-
tuell ja schon praktiziert wird.

3. BürgerInnenbeteiligung wird oft zugestanden, weil sie eben heute „dazu gehört", der political correctness wegen. Beispiele von Good Practice im Hinblick auf Beteiligung zeigen, wenn Mitwirkung von BürgerInnen als gemeinsame Suche nach Lösungen - im Zusammenhang mit beispielsweise Proble-
men der schrumpfenden Stadt - verstanden wird, dass Problemlösungen zu-
stande kommen, an die vorher niemand dachte. Die Beteiligten fühlen sich
dann ihrer Stadt verbunden, die Identifikation mit ihrer Stadt und die Attraktivität der Stadt werden gestärkt, Abwanderung könnte vielleicht abgebremst
werden.

Dass ältere Menschen ihre Fähigkeiten und Kompetenzen in das städtische Leben einbringen, einen produktiven Beitrag für die Gesellschaft leisten können
und wollen, wird in mehreren aktuellen empirischen Studien deutlich. Beispielsweise entsteht in dem Zweiten Alterssurvey[5] ein neues Bild der älteren
Generation. Ihre Ressourcen und Potentiale für die Gesellschaft, die sie in den
Beruf, in die Politik, in die Gesellschaft einbringen wollen, werden darin deutlich. Sie sind fest in die Familie integriert und erfüllen wichtige Aufgaben. Eh-
renamtliches Engagement leistet nahezu jede und jeder Vierte (21 %) der 55- bis
69-Jährigen! Ich selbst habe in einer eigenen Untersuchung über ältere Frauen in
der Grenzregion zu Polen und Tschechien[6] feststellen können, welch einen hohen Stellenwert ältere Frauen ihren Familien beimessen, weil sie ihre erwachse-
nen Kinder unterstützen - in finanzieller Hinsicht, bei der Kinderbetreuung u. a.
mehr.

Sehr geehrte Damen und Herren, ich freue mich, Sie in Personalunion als Direktorin des TRAWOS-Instituts als auch für den GÜSA e. V. begrüßen zu können;

---

[5] Langzeitstudie, Auswertung repräsentativer Umfragen unter 40- bis 90-Jährigen
[6] Steinert, E., Old Women – the Quality of their Life in Eastern Germany. (Eingel.) Vortrag
     im Rahmen der Biannual European IUCISD-Conference "Urban Community Work in Eu-
     rope in the context of social development" in Den Haag am 28.9.02

seien Sie herzlich willkommen! Während GÜSA auf eine lange Tradition trinationaler Tagungen zurückblicken kann, ist dies die erste Institutstagung überhaupt!

Das TRAWOS-Institut – „Transformation, Wohnen und soziale Raumentwicklung" in Langform - ist ein noch junges, ein Jahr altes, interdisziplinäres Institut unserer Hochschule; Bau-, Sozial- und Wirtschaftswissenschaften sind in ihm vertreten; wir bearbeiten die im Institutsnamen genannten Schwerpunkte im Hinblick auf:

- Spezifika des Lebens, Arbeitens und Wohnens in Grenzregionen

- wirtschaftliche, soziale, sozio- und interkulturelle Aspekte der grenzüberschreitenden Zusammenarbeit in Stadtumbau, Stadtentwicklung und Stadterneuerung

- Gender- und Generationenbezug.

Mit der Tagung wollen wir die Entwicklung der Europastadt Görlitz/Zgorzelec zu *einer* Stadt voranbringen; wir haben dabei folgende Schwerpunkte gesetzt:

Im ersten Block bis heute Nachmittag wird der Iststand hinsichtlich der demografischen Entwicklung und der Lebenslage älterer Menschen in der Grenzregion Polens, Deutschlands und Tschechiens ermittelt.

Im zweiten Block wenden wir uns Visionen einer Entwicklung der Europastadt Görlitz/Zgorzelec im Zusammenhang mit dem demografischen Wandel zu, um dann im dritten Block morgen Vormittag Beiträge zum professionellen Umgang mit alten Menschen zu hören. Abschließend sollen morgen Nachmittag auf dem Podium die Diskussionsstränge aufgegriffen und eine nachhaltige alten- bzw. generationen- und kulturengerechten Entwicklung der Europastadt diskutiert werden.

Der Oberbürgermeister wird danach das letzte Wort haben, bevor uns abschließend ein Buffet erwartet.

Am Zustandekommen der Tagung waren viele beteiligt, ihnen allen danke ich ganz herzlich für ihr Engagement. Nennen möchte ich v. a. die Unterstützung durch das Sozialamt der Stadt Görlitz, das Dekanat des Fachbereichs Sozialwesen, die GÜSA-Mitarbeiterinnen, die KollegInnen des Instituts, meine Assistentinnen Frau Wolf und Frau Rak, die heute auch dolmetschen. Auch den ReferentInnen sei Dank, dass sie eingetroffen und bereit sind, die Tagung zu bereichern. Ich wünsche uns abschließend einen interessanten und ertragreichen Verlauf der Tagung ebenso wie entspannende und ergiebige informelle Kontakte! Danke für Ihre Aufmerksamkeit!

Dr. Hardo Kendschek, Geschäftsführer komet-empirica GmbH Leipzig-Berlin

Demografische Entwicklung einer alternden Gesellschaft und ihre sozialen und wirtschaftlichen Folgen: Zur Situation in Sachsen und der Oberlausitz

---

Demografický vývoj stárnoucí společnosti a jeho sociální a ekonomické důsledky – k situaci v Sasku a Horní Lužici

V roce 2004 odstartovala saská zemská vláda spolu s centrálním svazkem měst Bautzen – Görlitz – Hoyerswerda modelový projekt, zabývající se demografickými změnami ve východosaském regionu Horní Lužice – Dolní Slezsko. Východ Německa byl poklesem celkového počtu obyvatel postižen dříve než západ Německa, proto zde mohou být s předstihem vyzkoušeny nové strategie a projekty. Cílem je nalézt nové, kreativní cesty k udržení či dokonce zlepšení stávající kvality života obyvatel tohoto stárnoucího a vylidňujícího se regionu.

Rozwój demograficzny starzejącego się społeczeństwa i jego skutki społeczne i gospodarcze – uwagi o sytuacji w Saksonii i na Górnych Łużycach.

W 2004 roku rząd kraju związkowego Saksonii wspólnie z główną centralą Związku Miast Bautzen, Görlitz, Hoyerswerda powołał do życia inicjatywę modelową zajmującą się zmianami demograficznymi we wschodniosaksońskim regionie Górne Łużyce-Dolny Śląsk. Ponieważ wschodnia część Niemiec została dotknięta wcześniej niż zachodnia część spadkiem liczby ludności, mogą własnie tutaj zawczasu być przeprowadzane próby różnych strategii i projektów dotyczących tej problematyki. Ważne jest znalezienie wzorcowych i twórczych rozwiązań, które wskazywałyby metody polepszenia sytuacji życiowej w starzejącym się i wyludniającym regionie.

Der Bevölkerungsrückgang ist für die Bewohner und Entscheidungsträger der Region Oberlausitz-Niederschlesien eine neue Herausforderung, die alle Lebensbereiche betrifft. Das Sächsische Staatsministerium des Innern hat deshalb unter dem Titel „Zukunftschancen nutzen – Modellregion Oberlausitz-Niederschlesien" ein Projekt gestartet, das die Auswirkungen des demografischen Wandels untersuchen und gleichzeitig beispielhafte neue Lösungen dafür entwickeln soll. Insbesondere gilt es dabei, vor allem die Chancen für die Lebensqualität in einer Region mit starkem Bevölkerungsrückgang auszuloten.

Bevölkerungsrückgang durch Überalterung und Wegzug

Die Region Oberlausitz-Niederschlesien hat in den letzten 15 Jahren massiv an Bevölkerung verloren. Seit 1990 sank die Bevölkerung um 20 Prozent von gut 750.000 auf heute 650.000 Einwohner. Bis 2020 wird ein weiterer Bevölkerungsrückgang um etwa 110.000 Bewohner bzw. 18 Prozent prognostiziert. In der Region werden dann voraussichtlich nur noch 540.000 Menschen leben. Das ist in nur 30 Jahren ein Bevölkerungsrückgang um knapp ein Drittel.

Dieser Bevölkerungsrückgang hat seine Ursache in zwei Entwicklungen: die Geburten sind seit 1990 drastisch zurückgegangen und viele Menschen haben die Region verlassen. Die Abwanderung war selektiv. Insbesondere junge, gut ausgebildete Menschen, darunter überproportional viele Frauen, haben die Region verlassen. Das Geschlechterverhältnis ist bereits heute in der Altersklasse der 20- bis 35-Jährigen unausgeglichen. Auf ca. 100 junge Männer kommen nur noch 80 gleichaltrige Frauen.

Durch die selektive Abwanderung wird sich das Problem der Bevölkerungsschrumpfung noch verstärken. In der Region fehlen die potentiellen Mütter, um dem Geburtendefizit zu begegnen. Selbst wenn in der Region alle jungen Frauen zwei oder drei Kinder bekommen würden, wäre damit der Bevölkerungsrückgang noch nicht gestoppt, da die Müttergeneration zu schwach besetzt ist. In fünf bis zehn Jahren wird sich dieses Problem weiter verschärfen, da dann die geburtenschwachen Jahrgänge, die nach 1990 geboren wurden, in das Familiengründungsalter kommen. Bei gleich bleibender Geburtenrate pro Frau wird ab 2010 die absolute Zahl der Kinder in der Region nochmals sprunghaft zurückgehen.

Es sind überwiegend motivierte und gut ausgebildete Menschen, die die Region verlassen und in einer anderen Stadt den Neuanfang wagen. Zurück bleiben oftmals die schlechter qualifizierten und die sozial schwächeren Bevölkerungsgruppen sowie die älteren Generationen. Die Region erleidet einen ständigen „Brain Drain" mit negativen Folgen für die Innovations- und Leistungsfähigkeit.

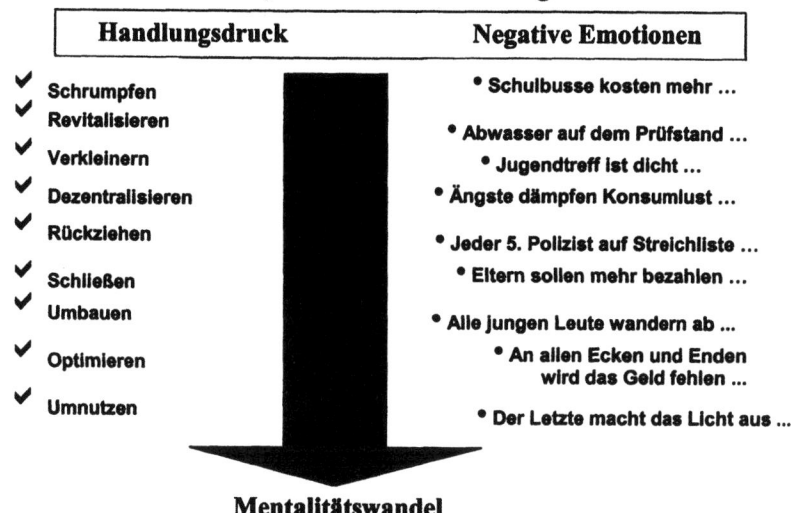

Schrumpfende Städte und Regionen

Handlungsdruck	Negative Emotionen
✔ Schrumpfen	• Schulbusse kosten mehr ...
✔ Revitalisieren	• Abwasser auf dem Prüfstand ...
✔ Verkleinern	• Jugendtreff ist dicht ...
✔ Dezentralisieren	• Ängste dämpfen Konsumlust ...
✔ Rückziehen	• Jeder 5. Polizist auf Streichliste ...
✔ Schließen	• Eltern sollen mehr bezahlen ...
✔ Umbauen	• Alle jungen Leute wandern ab ...
✔ Optimieren	• An allen Ecken und Enden wird das Geld fehlen ...
✔ Umnutzen	• Der Letzte macht das Licht aus ...

Mentalitätswandel

Auch im sozialen und gesellschaftlichen Bereich hat die selektive Abwanderung der Aktiven negative Folgen. In der Gemeinwesenarbeit wird die Zahl derjenigen, die sich engagieren und vor Ort etwas „auf die Beine stellen", zurückgehen. Bereits heute ist es überwiegend die ältere Generation, die mit viel Elan und kreativen Ideen Angebote in der Region aufrechterhält. Von der Freiwilligen Feuerwehr über den Sportverein bis hin zur Theatergruppe klagen viele Initiativen über mangelnden Nachwuchs. Eine eigene Fußballmannschaft ist in vielen Orten bereits eine Seltenheit.

Da überwiegend junge Menschen die Region verlassen, steigt in der Region der Anteil älterer Menschen. Während heute noch die Unterstützung, Betreuung und Pflege der älteren Menschen bzw. der Hochaltrigen in den Familien organisiert wird, drohen diese bestehenden familiären Netzwerke schwächer zu werden, da weite Teile der jungen Generation die Region verlassen und an anderer Stelle ihren Lebensmittelpunkt aufbauen. Die heute 50- bis 60-Jährigen, die ihre 80-jährigen Eltern unterstützen, werden in zwanzig Jahren in weniger großem Umfang auf familiäre Hilfe vor Ort zurückgreifen können.

Auswirkungen des Bevölkerungsrückgangs auf die verschiedenen Lebensbereiche

Der Bevölkerungsrückgang hat auf die verschiedenen Lebensbereiche in der Region mehr oder weniger gravierende Auswirkungen. Es müssen neue Lösungen her, die auch nach einem weiteren Bevölkerungsrückgang nach 2015 bzw. 2020 noch tragfähig sind.

Der Wohnungsmarkt in der Region ist sehr entspannt. Es besteht ein massives Überangebot an Wohnungen im Geschosswohnungsbau, das auch durch die Bemühungen im Rahmen des Programms Stadtumbau Ost nicht langfristig abgebaut werden kann. Bis 2010 kann der Leerstand durch die Abrisse zwar etwas reduziert werden, erreicht aber in 2020 voraussichtlich 57.000 Wohnungen bzw. eine Leerstandsquote von 30 % (gemessen am Bestand 2002).

Problematisch sind die Leerstände in den Städten, da dort ganze Stadtteile veröden (betroffen sind überwiegend die Plattenbaugebiete und z.t. die historischen Stadtkerne). Aber auch im ländlichen Raum hat dauerhafter Leerstand negative Konsequenzen, da das Erscheinungsbild der Dörfer nachhaltig negativ beeinflusst wird. Die Attraktivität sinkt und durch diese negativen externen Effekte kann sich der Abwärtstrend weiter verstärken.

Die medizinische Versorgung im ambulanten und stationären Bereich ist in der Region Oberlausitz-Niederschlesien (noch) ausreichend. Für den Bereich der hausärztlichen Versorgung zeichnet sich jedoch ab, dass aufgrund zahlreicher altersbedingter Praxisaufgaben in den nächsten fünf bis zehn Jahren und den Schwierigkeiten bei der Wiederbesetzung der Praxen eine Unterversorgung wahrscheinlich ist.

Der Bedarf an ambulanter und haushaltsnaher Unterstützung für ältere Menschen wird in der Region Oberlausitz-Niederschlesien steigen. Die familiären Netzwerke werden u. a. aufgrund der Abwanderung schwächer und ein größerer Teil der älteren Menschen, als das heute der Fall ist, wird auf Hilfe von außen angewiesen sein. Gleichzeitig werden diese Dienstleistungen immer teurer, da die Finanzierung in der bisherigen Form über die Pflegeversicherung nicht mehr erfolgen wird. Um eine Kostenexplosion im Pflegebereich zu vermeiden, sind neue Ansätze und Organisationsformen zu finden, die bezahlbar sind und den Unterstützungsbedarf abdecken. Zukunftsfähig sind insbesondere nachbarschaftsbezogene Ansätze, die darauf zielen, Synergieeffekte bei den professionellen Dienstleistungen und der Mobilisierung von sozialen Netzwerken und der Selbstorganisation zu erreichen. Die bestehende Altersschichtung in der Region bietet ein hohes Potential für diese Entwicklung. Die weiter steigende Lebenserwartung, das vergleichsweise niedrige Austrittsalter aus dem Erwerbsleben und der gute Gesundheitszustand der „jungen Alten" bietet über einen recht langen Zeitraum von 10 bis 20 Jahren ein erhebliches Potential an freiwilligen Kräften. Dabei sind die jüngeren „Alten" nicht nur Leistungserbringer. Durch die Selbstorganisation wird zugleich ein Netzwerk aufgebaut, das nicht nur für die Gesellschaft insgesamt von hoher Bedeutung ist, sondern auch für sie selbst, z.B. bei Hilfsbedürftigkeit, zu einem Rückhalt werden kann. Das Freizeitangebot für Kinder und Jugendliche ist in der Region in den letzten Jahren gewachsen, jedoch mangelt es an Vielfalt und Abwechslung.

Zwar nimmt in Zukunft die Zahl der Kinder und Jugendlichen stetig ab (leben heute noch 47.000 Jugendliche zwischen 15 und 20 Jahren in der Region, reduziert sich diese Zahl auf knapp 20.000 im Jahr 2010), eine reine Mengenanpassung ist jedoch kontraproduktiv. Nur wenn es gelingt, bei den Kindern und Jugendlichen positive Emotionen und ein Verbundenheitsgefühl mit der Region zu verankern, kann der Abwanderungstrend gemildert werden. Positive Ereignisse und Erfahrungen in der Region sind dafür unerlässlich.

Im Bereich des Einzelhandels und der Dienstleistungen sind die Einrichtungen in den letzten Jahren ausgedünnt oder in ihrer Angebotstiefe ausgedünnt worden. Auf Seiten der Nachfrager wird in den ländlichen Räumen insbesondere im Bereich des Einzelhandels das Fehlen einer wohnortnahen Versorgung beklagt. Allerdings sind die Kunden nur in begrenztem Umfang bereit, aufgrund der besonderen Bedingungen vor Ort höhere Kosten für Produkte und Dienstleistungen in Kauf zu nehmen. Dies ist auch ein Problem für die Akzeptanz der mobilen Verkaufsangebote in der Region, die gegenüber dem Supermarkt oder gegenüber dem Einkauf in Polen oder Tschechien nicht konkurrenzfähig sind. In Zukunft ist jedoch zu erwarten, dass der Bedarf steigen wird, da immer mehr ältere Menschen in der Region leben und die familiären Netzwerke schwächer werden.

Durch die disperse Siedlungsstruktur und die insbesondere im Norden und Nordosten der Region ausdünnenden Versorgungseinrichtungen besteht in der Region eine hohe Notwendigkeit, mobil zu sein. Das Angebot des öffentlichen Personennahverkehrs ist außerhalb der Orte mit Schienenanschluss weitgehend auf den Schülerverkehr ausgerichtet und somit für einen Großteil der übrigen Fahrtzwecke nicht nutzbar. Der private PKW wird deshalb zu einer sehr wichtigen Voraussetzung für die individuelle Mobilität. Die Mobilitätsbedürfnisse werden im Zeitverlauf in der Region steigen, da die Infrastruktur weiter ausdünnen wird.

Personen ohne eigenen PKW sind in der Region in ihrer Mobilität deutlich eingeschränkt. Durch die abnehmende Bevölkerung und die hohe Bedeutung des PKW sinkt die Nutzerzahl des ÖPNV kontinuierlich. Das Netz wird daraufhin immer weiter ausgedünnt und verliert weiter an Attraktivität. Diese Abwärtsspirale im ÖPNV ist bereits in vollem Gange. Es sind neue Organisationsformen notwendig, um auch Menschen ohne Pkw die Teilhabe am gesellschaftlichen Leben zu ermöglichen.

Die Wirtschaftsstruktur ist in den Teilräumen der Region recht unterschiedlich. Im Süden und Südwesten existiert eine kleinteilige Unternehmensstruktur mit zum Teil hoch spezialisierten und zukunftsfähigen Unternehmen. Im Norden und Nordosten ist die Industrie durch den Braunkohletagebau geprägt. Durch den Strukturwandel seit 1990 sind viele der Industriearbeitsplätze ersatzlos weggefallen.

Für die wirtschaftliche Entwicklung der Region sind daher differenzierte Strategien für die verschiedenen Teilräume der Region notwendig. Es gilt, die vorhandenen und im regionalwissenschaftlichen Sinn „exportorientierten" Branchen und Betriebe zu unterstützen und in der Region zu stärken. Unternehmen in den lokalen Bereichen, die nicht mit einer Konkurrenz von außen zu rechnen haben, expandieren oder stabilisieren sich nahezu automatisch entsprechend der lokalen Nachfrage.

Die kleinen und mittelständischen Unternehmen können nur durch die Produktion von innovativen Produkten am Markt bestehen.

Neue und kreative Lösungen gefragt

Die sich aufgrund der fortschreitenden Bevölkerungsschrumpfung weiter verändernden Rahmenbedingungen erfordern neue kreative Lösungen und Ansätze in den Gemeinden und Kommunen vor Ort. Es werden in der Region andere, neue Produkte benötigt, die mit weniger finanziellen Mitteln eine gleiche oder höhere Qualität der öffentlichen Leistungen sicherstellen.

Neue Formen der regionalen Kooperation

> Technische Infrastruktur: Verlustminimierungsstrategien

> neue Formen der kommunalen Kooperation: Konflikt- u. Problemlösungsinstrumente

> Mobilität erhalten u. Erreichbarkeit verbessern

> Innovative Ansätze in der Stadt fördern

> zentrenbildende Faktoren stärken (Dienstleistung, Einzelhandel, Kultur, ...)

> mentaler Wandel: zu mehr Bürgerengagement

demografischer Wandel

Lösungsstrategien

> mehr integrative Ansätze – neue Leitbilder

> Wirtschaftsstrategie: Exportbasis stärken

> Rückzug der öffentlichen Hand – mehr PPP

> effektive Immobilienökonomie

> Experimente mit offenem Ausgang zulassen

> neue Produkte u. Organisationsformen für öffentliche Leistungen

> im Konkurrenzkampf um Mieter bestehen: intelligente Wohnprodukte in Kombination mit Serviceleistungen

> Rückbau und Aufwertung

22

Die Schulsekretärin könnte beispielsweise gleichzeitig einige Funktionen des Einwohnermeldeamtes übernehmen und als erste Ansprechpartnerin den Bürgern bei Fragen zum Meldewesen (Antragstellung etc.) zur Verfügung stehen. Darüber hinaus wäre es denkbar, dass parallel der ehrenamtliche dörfliche Mitfahrdienst über das Sekretariat organisiert wird. Im bestehenden System ist die Finanzierung dieser Kombination (beteiligt wären zwei Fachämter und Privatpersonen, die in einem gemeinnützigen Verein organisiert sind) nicht vorgesehen.

Auch in einer alternden Region liegen spezifische Chancen, die es aufzudecken gilt. Fragt man z. B. Senioren, was sie von ihrer Stadt erwarten, ergeben sich für Dienstleister, Gesundheits- und Freizeiteinrichtungen, Kulturanbieter oder Einzelhändler vielfältige Anknüpfungspunkte, die es zu nutzen gilt.

Von ihrer Innenstadt erwarten sich Senioren beispielsweise kurze Einkaufswege, gute Erreichbarkeit der Geschäfte und Einrichtungen, Sitzmöglichkeiten zum Ausruhen, Kommunikations- und Sozialkontakte, persönliche Ansprache, Service (z. B. Toiletten, Garderobe-/Gepäckabgabe, Hauslieferung), hohe Qualität, ansprechende Printmedien, Sicherheit, gesundheitsbezogene Punkte und Dienstleistungen, kleine übersichtliche Geschäfte („Tante Emma"), barrierefreie Eingänge, klare und übersichtliche Wegführung, kombinierte Nutzung (z. B. Gastronomie und Handel, Gesundheit und Handel).

Die Bildung von Netzwerken ist eine wichtige Methode, um Interessen zu bündeln und Bürgerengagement zu aktivieren, wie das Beispiel von Hoyerswerda zeigt.

Im Netzwerk von Senioren für Senioren in Hoyerswerda werden Einzelinteressen mit den Institutionen des Seniorenbeirates, dem Nachbarschaftshilfeverein, der Stadtverwaltung, den Wohlfahrtsverbänden AWO, Caritas, Diakonie, Volkssolidarität, VDK, der DOMOWINA (Bund Lausitzer Sorben e. V.), der Seniorenakademie, den Wohnungsunternehmen, Kirchen und weiteren Einrichtungen verhandelt.

Während die traditionellen Ballsportarten nicht mehr betrieben werden, aber auch die Feuerwehren auf den Dörfern mit Nachwuchsproblemen kämpfen, sind Freizeit- und Sportangebote für Senioren gefragter denn je und mancherorts fehlen sogar die Übungsleiter.

neue Chancen:
Sport – Gesundheit - Wellness

- Fußball
- Handball
- Volleyball

➡

- Rückenschule
- Wirbelsäulengymnastik
- Nordic - Walking
- Gymnastik 50+
- Aerobic 50+
- lieber straff als schlaff
- Line Dance
- Gefäßtraining
- Seniorentanz
- Gedächtnistraining
- Radlergemeinschaft

Die Senioren sind für Einzelhandel und Dienstleistung die am stärksten wachsende Zielgruppe. Und gerade diese Zielgruppe legt wie kaum eine andere Wert auf Qualität, Beratung, Service und spezielle Produkte. Das setzt aber voraus, sich stärker mit den Charakteristika älterer Menschen zu beschäftigen. Ein Beispiel: Seit März 2005 gibt es in Großräschen (Oberspreewald-Lausitz) das erste deutsche Seniorenkaufhaus, Betreiber: Deliga Seniorenausstatter GmbH, das auf 800 Quadratmeter Verkaufsfläche mit vergleichsweise breiteren Gängen und größeren Umkleidekabinen etc. ein vielfältiges Warensortiment vorhält. Zum Konzept gehört auch das Kombi-Angebot, Bustouren in den Spreewald mit einem Besuch des Kaufhauses zu verbinden.

Magister Katarzyna Delikowska, Direktorin der Fachschule für Sozialdienste, Wroclaw

Demografische Entwicklung einer alternden Gesellschaft und ihre sozialen und wirtschaftlichen Folgen: Zur Situation im polnischen Teil der Euroregion Neiße

---

Demografický vývoj stárnoucí společnosti a jeho sociální a ekonomické důsledky: K situaci v polské části Euroregionu Nisa

Polsko, podobně jako jiné země, demograficky stárne v důsledku trvale nízké porodnosti. Příspěvek srovnává demografické stárnutí v Polsku a Dolním Slezsku. Dva exemplární závěry: Ve srovnání s Polskem je podíl osob ve věku 65 let a vyšším k celkovému počtu obyvatel v Dolním Slezsku výrazně nižší. Přesto však i v tomto regionu dochází k nápadnému poklesu porodnosti ve srovnání s národním průměrem. Demografické údaje jsou rozhodující pro plánování transformace systému zdravotnických a pečovatelských služeb, na němž jsou právě staří lidé nejvíce závislí. Jelikož i v Polsku vzrůstá počet obyvatel v postproduktivním věku, bude i zde budování odpovídajících systémů nevyhnutelné. Budoucí vývoj je tedy velkou výzvou pro politické reprezentanty Polska a Dolního Slezska v oblastech ekonomiky, důchodového a sociálního zabezpečení a zdravotnictví.

Rozwój demograficzny starzejącego się społeczeństwa oraz skutki socjalne i gospodarcze: sytuacja w polskiej części Euroregionu Nysa

Polska, podobnie jak inne kraje, ze względu na niską liczbę urodzeń starzeje się demograficznie. Powyższe opracowanie porównuje proces starzenia się w Polsce i na Dolnym Śląsku. Dwa egzemplaryczne wyniki: udział osób w wieku 65 lat i powyżej na Dolnym Śląsku w roku 2003 w ogólnej liczbie ludności jest w porównaniu z całym krajem wyraźnie niższy, w każdym razie rzuca się w oczy ograniczona liczba porodów w stosunku do średniej krajowej. Dane demograficzne mają duże znaczenie przy planowaniu pracy służby zdrowia i opieki, których użytkownikami są przede wszystkim ludzie starsi. Ponieważ także w Polsce rośnie liczba osób w wieku poprodukcyjnym, konieczna jest rozbudowa systemu usług. Polskę oraz Dolny Śląsk czekają w najbliższych latach wyzwania w dziedzinie polityki gospodarczej, rentowej, socjalnej oraz ochrony zdrowia.

Die immer steigende Lebenserwartung der Bevölkerung ist ein relativ neues Phänomen hinsichtlich der biologischen, aber auch sozialen Aspekte. Es betrifft die Mehrheit der Staaten auf der ganzen Welt. Man könnte sagen, dies ist für die heutige Gesellschaft eine spezifische Herausforderung in den Bereichen Wirtschaft, Sozial- und Gesundheitssicherung.

Menschen leben heutzutage länger als früher. Im Durchschnitt leben sie um die Hälfte länger als im vergangenen Jahrhundert. Die industrielle Gesellschaft veraltert derzeitig demografisch sehr rapide. Dies führte dazu, dass sich eine neue Bevölkerungsklasse, die sogenannten „Freizeitmenschen", gebildet hat.[1] Die ständig wachsende Anzahl der älteren und alten Menschen in den Bevölkerungen vieler Länder weckt das Interesse gerade für diese soziale Gruppe.

Laut der Weltgesundheitsorganisation (WHO) beträgt die Grenze des Altseins 65 Jahre. Im Jahre 1995 betrug in Polen der Anteil der Menschen, die 65 Jahre und älter waren, 11,2 %.

Nach den Kriterien der WHO wird eine Bevölkerung dann als „alt" bezeichnet, wenn mindestens 7 % davon 65 Jahre und älter sind. Somit kann man sagen, dass Polen auch zu den Ländern mit einer alten Bevölkerungsgruppe gehört. An dieser Stelle muss man betonen, dass die demografische Alterung in Polen parallel zur der anhaltenden Systemtransformation verlief. Die Folge davon war die Verschärfung der Probleme alter Menschen.[2]

Die Begriffe Alterung und Alter sind noch nicht eindeutig definiert worden, weder von der Biologie noch von den Sozialwissenschaften. Ich bin der Meinung, dass man das Alter sowohl einzeln als auch gesellschaftlich betrachten sollte. Es wird sowohl ein Mensch älter als auch die ganze Gesellschaft. Die Alterung ist ein natürlicher, lang andauernder und unabwendbarer physiologischer Prozess, der in der Entwicklung aller Lebewesen stattfindet, auch des Menschen, wobei der Alterungsprozess des Menschen dynamischer ist. Seine Endphase ist das Alter, das als natürliche Phase des menschlichen Lebens, die nach der Jugend und dem Erwachsensein kommt, betrachtet werden soll. Das Alter verbindet sich mit niedrigerer Leistungsfähigkeit, Immunschwäche, Mobilschwäche und Hilflosigkeit bei Veränderungen. Sehr oft wird es auch mit Einsamkeit, Abhängigkeit von anderen und Verarmung in Verbindung gebracht. Das alles führt zur stereotypen, negativen Betrachtung der alten Menschen. Die daraus resultierenden Konsequenzen sind: Konflikte und Distanzierung zwischen Generationen, Vermeidung von Kontakten mit älteren Menschen und negative Betrachtung sowohl der älteren Menschen als auch der Personen, die ihre Interessen vertreten.

---

[1] A. Zych, Człowiek wobec starości. Warszawa 1995 S. 11
[2] E.Trafiałek, Polska starość w dobie przemian. Katowice 2003 S. 89

Es ist schwierig, heutzutage Initiativen zu finden, die zur positiven Betrachtung des Altwerdens führen, Initiativen, die positive Aspekte der Alterung darstellen würden. In den Medien wird nur das gezeigt, was negativ ist, und zwar Armut, Vernachlässigung usw. Eine andere Betrachtung des Altwerdens würde ermöglichen, die Problematik der dritten Phase des Lebens als eine für die ganze Bevölkerung zu akzeptieren.

Alte Menschen bilden keine einheitliche, homogene Gruppe, die die gleiche körperliche und psychische Leistung erbringt. Sie verfügt nicht über gleiche gesundheitliche und wirtschaftliche Eigenschaften. Die individuelle Verschiedenheit bringt bei der Klassifizierung der Altersgrenzen Schwierigkeiten mit sich.

Klassifizierung der Altersgrenzen nach Stefan Klonowicz, der zwei Kategorien beschreibt:[3]

1. chronologisches Alter, bestimmt durch die Lebensdauer

2. biologisches Alter, bestimmt durch individuelle Eigenschaften

Lucyna Frąckiewicz weist auf vier Grenzen hin, die das Altsein kennzeichnen:[4]

1. chronologische Grenze

2. biologische Grenze

3. rechtliche Grenze (gesetzlich festgelegter Zeitraum des Rentenalters)

4. wirtschaftliche Grenze (der Rückgang des Einkommens als Folge des Ruhestandes)

Wojciech Pędlich schlägt folgende Gliederung vor:[5]

1. frühes Alter: das Alter von 60 - 74 Jahren

2. hohes Alter: das Alter von 75 - 89 Jahren

3. sog. ehrwürdiges Alter: das Alter von über 90

Laut der Weltgesundheitsorganisation (WHO) wird vom Anfang des Altseins im Alter von 60 Jahren gesprochen. Man unterscheidet dabei drei Abschnitte des Altseins:

1. Ältere Menschen: das Alter von 60 - 75 Jahren
2. Alte Menschen: das Alter von 75 - 90 Jahren
3. Hochbetagte: das Alter von über 90 Jahren

---

[3] S. Klonowicz, Starzenie się ludności (w) Encyklopedia seniora. Warszawa 1986, S. 35

[4] L. Frąckiewicz, Miejsce człowieka starego w rodzinie (w:) Rodzina. Społeczeństwo. Gospodarka Rynkowa. (rede.) J. Kroszela Opole 1995, S. 169

[5] W. Pędlich Ludzie starzy, Warszawa 1996, S. 7

Man muss an dieser Stelle sagen, dass in Polen häufig der Anfang des Altseins mit dem Anfang des Pensionsalters verbunden wird. Bei Frauen sind es 60 Jahre, bei Männern 65. Am meisten wird der Verlauf des Alterungsprozesses durch gesellschaftliche, demografische, kulturelle, psychische, gesundheitliche und wirtschaftliche Faktoren bestimmt. Zu den wichtigsten Ressourcen gehören Aktivität, Status und gesellschaftliches Engagement. Mehrere wissenschaftliche Untersuchungen weisen darauf hin[6], dass die durchschnittliche Lebensdauer im hohen Alter durch gesundheitliche und soziale Faktoren bedingt ist. Eine große Rolle spielen auch Familienstand, Geschlecht, Ausbildung und das gesellschaftliche Prestige.

Das 20. Jahrhundert erhöhte die Zunahme der Anzahl älterer Menschen in Europa und in anderen hoch entwickelten Ländern. Es ist durch die medizinische Entwicklung und durch die Erhöhung der Lebensqualität und der Zivilisationsvorteile bedingt.

Polen gehört zu den Ländern, die demografisch alt sind. Trotzdem ist der demografische Alterungsgrad nicht so hoch wie in den westlichen Ländern.

Tabelle Nr.1: Demografische Situation in folgenden Ländern

a) Geburtenziffer

Nr.	Land	Geburtenziffer je 1000 Einwohner in den Jahren:[7]				
		1980	1990	1998	2000	2002
1.	Tschechische Republik	1,8	0,1	-1,8	-1,8	-1,5
2.	Litauen	4,7	4,6	-0,9	-3,1	-3,1
3.	Polen	9,6	4,2	0,5	0,3	-0,1
4.	Russland	4,9	2,2	-4,8	-4,8	-6,5
5.	Österreich	-0,2	1,0	0,3	0,0	0,2
6.	Deutschland	-1,1	-0,1	-0,7	-1,2	-1,5
7.	Italien	1,5	0,4	-0,4	-0,9	-0,4
8.	USA	7,1	7,9	5,9	5,5	5,6

---

[6] E. Trafiałek, Polska Starość w dobie przemian, op. cit., S. 96
[7] eigene Bearbeitung auf Grund folgender Quellen:
  1. E. Trafiałek, Polska starość w dobie przemian. Katowice 2003
  2. Rocznik statystyczny RP. Warszawa 2004 S. 747 Tab.11 (607)
  3. Rocznik Demograficzny 2004 GUS Warszawa Tab.11 (239)

b) Durchschnittliche weitere Lebensdauer

Nr.	Land	Durchschnittliche Lebensdauer der Menschen im Alter von 60 Jahren[8]					
		Frauen		Männer		Frauen	Männer
		1980	1998	1980	1998	2002	2002
1.	Tschechische Republik	20,1	20,7	15,9	16,4	17,4	14,0
2.	Litauen	21,1	21,4	15,9	16,4	17,7	13,3
3.	Polen	19,4	21,0	15,2	16,4	17,9	14,0
4.	Russland	18,6	15,1	13,2	11,6	14,9	10,8
5.	Österreich	22,9	23,6	18,6	19,4	19,7	16,3
6.	Deutschland	18,0	22,7	14,2	18,3	19,6	16,0
7.	Italien	23,3	23,7	18,9	19,2	20,4	16,5
8.	USA	22,9	22,9	18,7	19,3	19,2	16,0

c) Bevölkerung im Alter von 65 Jahren

Nr.	Land	Anteil der Menschen im Alter von 65 Jahren in einzelnen Ländern (im Verhältnis zur Gesamtbevölkerung in %)[9]			
		1995	1998	2000	2003
1.	Tschechische Republik	13,2	13,6	13,8	13,9
2.	Litauen		12,7	13,4	14,7
3.	Polen	11,2	11,8	12,2	12,8
4.	Russland	11,8	12,3	12,5	13,3
5.	Österreich	15,2	15,4	15,5	15,5
6.	Deutschland			12,6	16,7
7.	Italien		17,4	18,0	18,2
8.	USA	12,8	12,7	12,6	12,4

Die Demografie gilt als Grundquelle der Informationen, aufgrund derer Diagnosen und Prognosen für die Politik in einem Land gestellt werden. Sie befasst sich

---

[8] eigene Bearbeitung auf Grund folgender Quellen:
1. E. Trafiałek op.cit str 71
2. Rocznik statystyczny RP 2004 S. 749 Tab. 13 (609)
3. Rocznik Demograficzny 2004 Tab. 21 (249)

[9] eigene Bearbeitung auf Grund folgender Quellen:
E. Trafiałek, op.cit. S. 71
1. Rocznik statystyczny RP 2004 W-wa S. 745 Tab.10 (606)
2. Rocznik Demograficzny 2004 W-wa Tab. 5 (233)

mit dem Stand, der Verteilung und der Struktur der Bevölkerung. Der Staat versucht nach demografischen Tendenzen die Proportionen in der gesellschaftlichen Struktur zu beeinflussen (mütterliche Rechte, Familienpflege, materielle Hilfe im Rahmen des Mutterschutzes).

Demografische Statistiken zeigen, dass die Bevölkerungspolitik sehr unterschiedlich ist. Im Jahre 1946 betrug die Bevölkerungszahl in Polen 23,6 Millionen, 1955 lag sie bei 38,6 Millionen und 1998 bei 38,7 Millionen.

Bis 1999 stieg die Bevölkerungszahl, ab 1999 ging sie wieder auf 38,6 Millionen zurück. Polen, ähnlich wie die westlichen Länder, altert demografisch aufgrund niedriger Geburtenraten. Den letzten Bevölkerungszuwachs gab es in den achtziger Jahren. Danach sank die Wachstumsrate. In den 13 Jahren von 1990 bis 2003 ist der Koeffizient der Gebärfähigkeit von 2,0 auf 1,2 gesunken. Auch die Geburtenrate ist von 4,1 auf -0,1 gesunken.

Nach folgenden demografischen Daten von Elżbieta Trafiałek, bestand um die Wende vom 20. zum 21. Jahrhundert eine durchschnittliche polnische Familie aus den Eltern, einem Kind, vier Großeltern und 8 Urgroßeltern. Davon führten die zwei letzteren Generationen getrennte Haushalte.[10]

---

[10] E. Trafiałek op.cit S. 49

Tabelle Nr. 2: Veränderungen der Bevölkerungsstruktur in Polen in den Jahren 1990 - 2003 nach verschiedenen Kategorien[11]

Kategorien	1990	1992	1994	1995	1997	1998	1999	2000	2003
Bevölkerung in Tausend	38.130	38.418	38.581	38.609	38.660	38.667	38.654	38.254	38.190
Stadtbevölkerung im Verhältnis zur Gesamtbevölkerung in %	61,8	61,7	61,9	61,8	61,9	61,9	61,8	61,8	61,6
Bevölkerung im Erwerbsalter je 100 Personen im Nichterwerbsalter	74	73	71	70	68	66	65	64,5	58,9
Geburten je 1000 Einwohner	4,1	3,2	2,5	1,2	0,9	0,5	0,0	0,3	-0,1
Ehen je 1000 Einwohner	6,7	5,7	5,4	5,4	5,3	5,4	5,7	5,5	6,2
Scheidungen je 1000 Einwohner	1,1	0,8	0,8	1,0	1,1	1,2	1,1	1,1	1,3
Koeffizient der Gebärfähigkeit der Frauen	2,0	1,9	1,7	1,6	1,5	1,4	1,3	1,3	1,2

[11] eigene Bearbeitung auf Grund folgender Quellen: E. Trafiałek op.cit. S. 48, Rocznik statystyczny RP 2004 , Rocznik Demograficzny 2004 W-wa

Niedrige Geburtenraten und die ständig steigende Lebensdauer führen dazu, dass es eine immer größere Anzahl der alten Menschen in der Gesellschaft gibt.

Tabelle Nr. 3: Pensionäre und Rentner in Polen in den Jahren 1946 - 2000[12]

Jahr	Gesamtbevölkerung in Millionen	Pensionäre und Rentner in Tausend	Pensionäre und Rentner in Prozent
1946	23,6	529	2,2
1950	25,0	987	3,9
1955	27,6	1.209	4,4
1960	29,8	1.369	4,6
1965	31,6	1.792	5,7
1970	32,7	2.346	7,2
1975	34,2	3.192	9,3
1980	35,7	4.517	12,7
1985	37,3	6.173	16,6
1989	38,0	7.944	20,7
1990	38,2	7.104	18,6
1992	38,4	8.495	22,1
1993	38,5	8.730	22,6
1995	38,6	9.085	23,5
1997	38,7	9.314	24,1
1998	38,7	9.435	24,3
1999	38,7	9.453	24,4
2000	38,3	9.412	24,5
2003	38,2	9.206	24,1

Tabelle Nr. 4: Anteil der Bevölkerung im Alter von ≥60 Jahren in Polen in den Jahren 1980 - 2002[13]

Altersgruppe	Jahr				
	1980	1995	1998	2000	2002
Alter von 60 Jahre und darüber	13,3	15,9	16,3	16,5	16,8
Alter von 65 Jahre und darüber	10,1	11,2	11,8	12,1	12,6
Alter von 80 Jahre und darüber	1,5	2,1	1,9	2,0	2,3

---

[12] eigene Bearbeitung auf Grund folgender Quellen:E. Trafiałek, op.cit. S. 74
[13] eigene Bearbeitung auf Grund folgender Quellen: E. Trafiałek, op.cit. S.75

Tabelle Nr. 5 Bevölkerung im polnischen Teil der Euroregion Neiße/ Niederschlesien nach Altersgruppen im Jahre 2003[14]

Region/Kreise	Gesamt-bevölkerung in Tausend	Bevölkerung je Altersgruppe		Anteil der Menschen im Alter von ≥65 Jahren in einzelnen Kreisen (im Verhältnis zur Gesamtbevölkerung in %)
		60 bis 64 Jahre	65 Jahre und darüber	
Niederschlesien	499.774	17840	63233	12,6
Boleslawiecki (Kreis Bunzlau)	88.308	3363	10376	11,7
Jaworski (Jauer)	52.520	1691	6722	12,8
Jeleniogórski (Hirschberg)	64.157	2160	8506	13,2
Kamiennogórski (Landeshut)	46.989	1773	6384	13,5
Lubański (Lauban)	57.572	1978	7539	13,1
Lwówecki (Löwenberg)	48.503	1634	6478	13,4
Zgorzelecki (Görlitz)	95.731	3826	11768	12,3
Złotoryjski (Goldberg)	45.994	1415	5460	11,9
Gesamtbevölkerung Polens (in Millionen)	38.190	1.549,6	4.951,3	12,8 %

---

[14] eigene Bearbeitung auf Grund folgender Quellen:Województwo Dolnośląskie – podregiony, powiaty, gminy 2004 US Wrocław S. 94 - 95 Tab. 2 (13)

Tabelle Nr. 6   Bevölkerung im Erwerbsalter im polnischen Teil der Euroregion Nei-
ße/Niederschlesien im Jahre 2003[15]

Region	Gesamt-bevölkerung (in Tsd.)	Nicht-Erwerbsalter im Allge-meinen (in Tsd.)	Nicht-Erwerbsalter im Verhältnis zur Gesamt-bevölkerung (in %)	Bevölkerung im Nicht-Erwerbsalter je 100 Perso-nen im Erwerbsalter
Niederschlesien	499.774	79999	16,0	58
Boleslawiecki	88.308	12301	13,9	58
Jaworski	52.520	7647	14,5	58
Jeleniogórski	64.157	9689	15,1	54
Kamiennogórski	46.989	14178	30,1	59
Lubański	57.572	8655	15,0	59
Lwówecki	48.503	7362	15,1	61
Zgorzelecki	95.731	13914	14,5	56
Złotoryjski	45.994	6253	13,6	56
Gesamtbevölkerung Polens (in Mill.)	38.190	5.802	15,1	59

Tabelle Nr. 7   Koeffizient der Geburten je 1000 Einwohner im polnischen Teil der Euroregion Neiße/Niederschlesien im Jahre 2003[16]

Region	Gesamtbevölkerung (in Tsd.)	Geburtenziffer je 1000 Einwohner
Niederschlesien	499.774	-1,2
Boleslawiecki	88.308	1,0
Jaworski	52.520	-1,7
Jeleniogórski	64.157	-2,0
Kamiennogórski	46.989	-1,1
Lubański	57.572	-1,1
Lwówecki	48.503	-3,0
Zgorzelecki	95.731	-0,7
Złotoryjski	45.994	-1,5
Gesamtbevölkerung Polens (in Mill.)	38.190	-0,1

---

[15] eigene Bearbeitung auf Grund folgender Quellen: Województwo Dolnośląskie –
podregiony, powiaty, gminy 2004 US Wrocław S. 98 - 100 Tab.3 (14)
[16] eigene Bearbeitung auf Grund folgender Quellen: Województwo Dolnośląskie –
podregiony, powiaty, gminy 2004 US Wrocław S. 107 Tab 4 (15)

Nach der Analyse der demografischen Daten von ausgewählten Kreisen in Niederschlesien, die zur Euroregion Neiße gehören, kann man sagen, dass die Situation in der Euroregion Neiße nicht anders aussieht als im ganzen Land. Man muss an dieser Stelle erwähnen, dass der Koeffizient der Geburtenrate negativ ist und -1,2 beträgt. Im Kreis Lwówek Śląski (Löwenberg) -3,0 und in Jelenia Góra (Hirschberg) -2,0, wobei er in ganz Polen -0,1 beträgt. Wichtig ist auch, dass sich im Kreis Kamienna Góra (Landeshut) 30 % der Bevölkerung im Nichterwerbsalter befinden, wobei es in der ganzen Euroregion Neiße nur 15 % sind.

Mit der Erhöhung der Anzahl alter Menschen in der polnischen Bevölkerung werden sich die Proportionen zwischen den Alterskohorten verändern.

Man schätzt, dass das 21. Jahrhundert eine dynamische Erhöhung der Anzahl der Menschen in hohem Alter im Vergleich zu der Anzahl der Menschen im frühen Alter mit sich bringt. Nach den demografischen Prognosen der Jahre 2000 bis 2020 wird die Population der Menschen über 80 Jahren von 800 Millionen auf 1,4 Milliarden steigen. Die letzten 50 Jahre zeigen, dass die durchschnittliche Lebensdauer in Polen steigt, trotzdem ist sie noch kürzer als in den westlichen Ländern Europas. Das heißt, dass eine 60-jährige Person heutzutage damit rechnen, kann noch etliche Jahre zu leben. Frauen, die mit 60 Jahren in Rente gehen, haben statistisch gesehen noch 20 Lebensjahre vor sich, während Männer, die mit 65 Jahren in Rente gehen, nur noch mit 10 Lebensjahren rechnen können. Dieser Unterschied ergibt sich daraus, dass Männer häufig eher sterben. Die niedrigere Geburtenrate trägt überdies dazu bei, dass es zu einem höheren Anteil älterer Menschen in der Gesellschaft kommt.

Demografische Daten haben eine hohe Bedeutung für die Planung gesundheitlicher und pflegerischer Bedarfe, weil gerade alte Menschen die Leistungsbezieher sind. Da die Tendenz dahin geht, dass immer mehr Menschen im Nichterwerbsalter sind, ist es nötig, ein entsprechendes Dienstleistungssystem zu bilden, das alten Menschen ein angemessenes Lebensniveau ermöglicht. Die demografische Alterung hat wirtschaftliche, gesellschaftliche, psychische und gesundheitliche Auswirkungen. Ich fasse zusammen:

1. Das Altern der Gesellschaft und seine wirtschaftlichen Auswirkungen:

- Belastung des staatlichen Etats durch hohe Ausgaben für Sozialleistungen

- Negative Entwicklung in den Einnahmen und Ausgaben im Sozialversicherungsfonds

- Verschlechterung finanzieller Lage der Staatsfinanzen

- Sinken des Wirtschaftswachstums als Folge zu großer Belastung der Staatsfinanzen

- Veränderung des Arbeitsmarktes

- Ständiges Ansteigen der Steuerbelastung der Bürger
- Verschlechterung der wirtschaftlichen Lage der Pensionäre
2. Das Alterns der Gesellschaft und seine sozialen Auswirkungen
- Generationenrivalität bezüglich der Arbeitsstellen und des Zuganges zu finanziellen Mitteln aus dem Sozialversicherungsfonds
- Verstärkung der Konflikte zwischen den Generationen
- Erhöhter Bedarf an medizinischer Versorgung
- Wachsender Bedarf an Pflege- und Gesundheitsversorgung
- Kein Gleichgewicht in der Gesellschaftsentwicklung
- Gefährdung des Prinzips der Solidargemeinschaft
- Wachsender Bedarf an Umschulung in Sozialberufe
- Wachsende soziale Ausgrenzung der alternden Menschen; wachsende
- Unterschiede zwischen den alten Menschen im Zusammenhang mit sozialer Integration
- Sinnvolle soziale Bildung
3. Die Verlängerung der Lebensdauer folgt aus:
- der Verbesserung der Lebensbedingungen
- dem ständigen medizinischen Fortschritt
- dem besseren Zugang zu medizinischer Versorgung und Sozialleistungen
4. Positive Auswirkungen der Alterung der polnischen Gesellschaft:
- Möglichkeit der Entwicklung der Gerontologie als selbständige Wissenschaft
- Suche nach sozialen Rollen, die die Erfahrung und das große Potential der älteren Menschen verwenden können
- Bekämpfung der Vorurteile im Bezug auf das Altsein
- Entwicklung der nichtstaatlichen Organisationen zugunsten der Altenhilfe und der Altenpflege
- Bildung von Einrichtungen für die Altenpflege
- Soziale Integration
- Qualifizierung der Senioren
- Zunehmende Unternehmungslust der zukünftigen Seniorengenerationen

- Konfrontation älterer Menschen mit der „informatorischen Revolution", was zur Verbesserung ihrer Lebensqualität beitragen wird.

Meinen Vortrag möchte ich mit einem Zitat von Johannes Paul II abschließen:

„Senioren können dank ihrer Reife und Lebenserfahrung der jungen Generation wertvolle Ratschläge geben. Die Vergänglichkeit des menschlichen Daseins, die auf eine besonders ausdrucksvolle Art und Weise im Greisenalter sichtbar wird, wird in der Zukunft an die Wechselbeziehung und die Solidarität zwischen verschiedenen Generationen erinnern, weil jeder Mensch andere Menschen braucht."

Literaturverzeichnis

Rocznik Statystyczny Rzeczypospolitej Polskiej 2004, GUS, W-wa, 2004

Województwo Dolnośląskie podregiony, powiaty, gminy 2004, Urząd Statystyczny we Wrocławiu, W-w, 2004

Trafiałek E., Polska starość w dobie przemian, Katowice, 2003 Wyd. Śląskie

Czapiński J., Jakość życia Polaków w czasie zmiany systemowej. Związek między obiektywnymi i subiektywnymi wskaźnikami jakości życia w dobie transformacji systemowej, W-wa, 1998

Dyczewski L., Kultura polska w procesie przemian, Lublin, 1995

Frąckiewicz L., Społeczne i ekonomiczne konsekwencje procesu starzenia się ludności (w:) Polska a Europa. Procesy demograficzne u progu XXI w., red. Frąckiewicz L., Katowice, 2002

Frątczak E., Sobieszak A., Sytuacja demograficzno-społeczna osób starszych (w;) Seniorzy w społeczeństwie polskim, red., Kuciarska-Ciesielska M.,W-wa, 1999

Klonowicz S., Starzenie się ludności (w:) Encyklopedia Seniora, W-wa, 1986

Rajkiewicz A., Przeobrażenia demograficzne kraju i ich konsekwencje dla polityki społecznej, Katowice, 1998

Worach-Kardas A., Wydłużenie się średniego trwania życia w Polsce – aspekty demograficzne i środowiskowe – Gerontologia Polska, 1997, Nr 4

Zych A., Człowiek wobec starości, W-wa, 1995

RNDr. Tomáš Kučera CSc.und RNDr. Boris Burcin, Karls-Universität Prag

Demografische Entwicklung einer alternden Gesellschaft und ihre sozialen und wirtschaftlichen Folgen: Zur Situation im tschechischen Teil der Euroregion Neiße

Demografický vývoj stárnoucí společnosti a jeho sociální a ekonomické důsledky: k situaci v české části Euroregionu Nisa

Vývoj obyvatelstva na území Libereckého kraje, který v období 19. století kopíroval především změny ekonomické, se ve 20. století dostal do područí hlavních (geo)politických změn. Společenská kataklyzmata a další jevy z let 1914 až 1918 a 1938 až 1947 totiž zásadním způsobem ovlivnily další vývoj obyvatelstva v regionu a v jeho strukturách budou vystopovatelné ještě za desítky let. Znovuosidlování pohraničí lidmi určitých generací, následná migrační výměna a poklesy a vzestupy porodnosti spolu s poklesem úmrtnosti daly vzniknout věkové struktuře, která bude do značné míry určovat populační vývoj v příštích desetiletích. Ten bude ve znamení rapidního stárnutí obyvatelstva a pravděpodobně jen pomalého růstu jeho početního stavu. Určujícím faktorem je a bude především migrace, její intenzita, převládající směr a věková struktura migrantů. Region se přitom může se zásadním sociálními a ekonomickými důsledky těchto změn může setkat již poměrně brzy – v horizontu příštích 10-15 let.

Rozwój demograficzny starzejącego się społeczeństwa oraz skutki socjalne i gospodarcze: sytuacja w czeskiej części Euroregionu Nysa

W XIX wieku rozwój ludności na obszarze Okręgu Libereckiego był uzależniony od przemian gospodarczych. W XX wieku odegrały rolę przede wszystkim przemiany polityczne. Wydarzenia z lat 1914 – 1918 oraz 1938 – 1947 wpłynęły decydująco na rozwój ludności w tym regionie i są do dzisiaj zauważalne w strukturze ludności. Ponowne zasiedlenie regionu przygranicznego przez pokolenie wiekowo jednolite, które wykazuje wysoką migrację, spadek i przyrost liczby urodzeń oraz malejący odsetek zgonów, ukształtowały strukturę wiekową, która wpłynie decydująco na rozwój ludności w najbliższych dziesięcioleciach. Będzie się on charakteryzował szybkim starzeniem się społeczeństwa, a jednocześnie stopniowym i powolnym przyrostem liczby ludności. Jednym z decydujących czynników będzie migracja, jej intensywność, kierunek oraz struktura wieku migrujących. Skutki społeczne i gospodarcze takiego rozwoju będą odczuwalne w tym regionie już wkrótce, w ciągu najbliższych 10 do15 lat.

Historische Meilensteine der Entwicklung

Der Kreis Liberec, in der Geschichte zum größten Teil Peripherie der Länder der böhmischen Krone, durchlebte in den letzten zwei Jahrhunderten eine dynamische und zugleich eine sehr turbulente Entwicklung. Entscheidende Rolle spielte dabei fraglos die industrielle Revolution, die im Laufe weniger Jahrzehnte eine Region mit extensiver, am Fuße des Gebirges betriebener Landwirtschaft und mit überwiegend häuslichen Textilproduktion, in ein böhmisches und österreichisches (seit 1867 Österreich-Ungarische Monarchie) Industriezentrum verwandelte. Mitte des 19. Jahrhunderts wurde Liberec nach Prag zur zweitgrößten Stadt in Böhmen, die mit ihrer industriellen Agglomeration zu den hoch entwickelten Industrieregionen des damaligen Europas zählte. Hand in Hand mit der Entwicklung der Infrastruktur und dem wachsenden Reichtum des Kreises ging natürlich auch die Bevölkerungsentwicklung. Neben der Industrialisierung zählen zu den Meilensteinen und Faktoren der Bevölkerungsentwicklung des Kreises einige weitere historische Ereignisse und Prozesse. Zum Beispiel waren Liberec und Prag in der Anfangsphase der sog. demografischen Revolution, das heißt um die Mitte des 19. Jahrhunderts, bei uns Zentren, aus denen sich durch räumliche Diffusion die entsprechenden innovativen Veränderungen (dauerhaft sinkende Sterberate und daraufhin auch Rückgang der Fruchtbarkeitsziffer) auf andere Teile des Landes ausdehnten. Aufgrund der überwiegend deutschstämmigen Bevölkerung beeinflusste die Entwicklung in den Grenzregionen auch der Wandel der geopolitischen Verhältnisse nach dem Ersten Weltkrieg und die Gründung der Tschechoslowakischen Republik. Zu dieser Zeit verließ das Gebiet des Kreises Liberec im Vergleich zum Gesamtgebiet der tschechischen Länder ein bedeutend größerer Teil der Bevölkerung (Abb. 1). Ein weiterer, nicht unbedeutender Eingriff in die Kontinuität der demografischen Entwicklung war die Abspaltung des Sudetenlandes von der Tschechoslowakei und seine Eingliederung in das Deutsche Reich. Dadurch verlor der Kreis Liberec einen großen Teil seines Gebietes. Der grundlegendste Eingriff in die demografische Geschichte des Kreises sollte aber noch kommen. Es handelte sich um die Abwanderung eines großen Teils der deutschstämmigen Bevölkerung während des Zweiten Weltkrieges und vor allem um die Vertreibung der Sudetendeutschen in den Jahren 1945 - 1947. Der spätere Versuch, diese Gebiete neu zu besiedeln, konnte diese Verluste nicht ausgleichen. Der bis jetzt letzte wichtige Meilenstein bzw. genauer gesagt der Impuls der demografischen Entwicklung war die Gewinnung von Uran in den Regionen um Česká Lípa und Liberec in der zweiten Hälfte der 60er Jahre bis in die 80er Jahre des 20sten Jahrhunderts. Die unmittelbare Auswirkung der aufgeführten historischen Ereignisse auf die Bevölkerungszahl, die Geschlechterverteilung und die Altersstruktur der Bevölkerung im Kreis Liberec klingt mittlerweile ab, jedoch kann man bei einer detaillierten Betrachtung einige ihrer sekundären Folgen, vor allem die Folgen der Abwanderung des deutschen Teils der Bevölkerung, bis heute beobachten.

Abb. 1 Historische Entwicklung der Bevölkerungszahl im Kreis Liberec, Bevölkerungsziffer (1890 = 100)

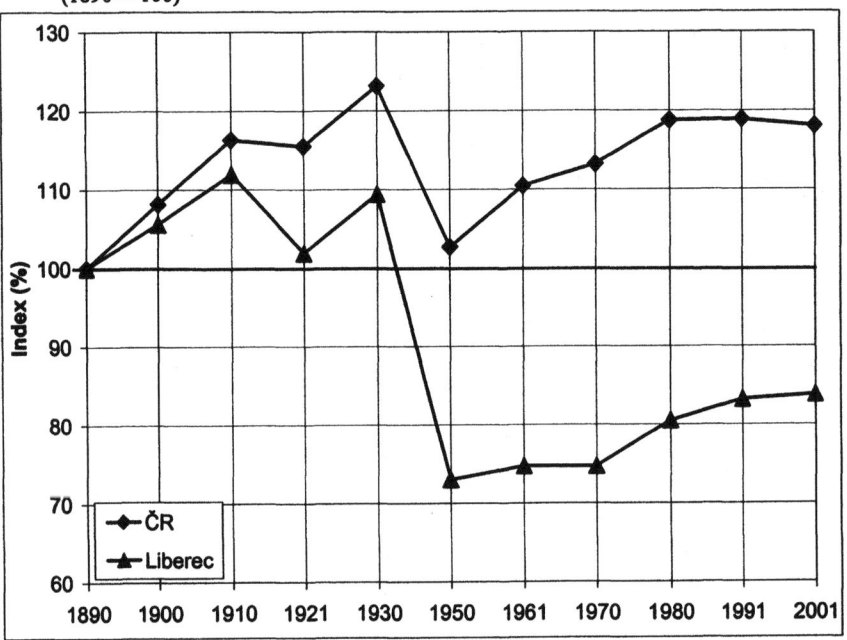

Quelle: ČSÚ (Tschechisches Amt für Statistik)

Wie entwickelten sich also die inneren demografischen Bedingungen des Prozesses der Populationsreproduktion im tschechischen Teil der Euroregion Neiße? Vor allem während des zweiten Weltkrieges und unmittelbar danach kam es zu einem rasanten Bevölkerungsschwund. Im Vergleich zur letzten Bevölkerungszählung vor dem Krieg im Jahre 1930 verringerte sich die Zahl der auf dem heutigen Gebiet des Kreises lebenden Bevölkerung bis zum Jahr 1950 um ein Drittel. Dieser Rückgang wurde nicht durch eine einfache quantitative Reduktion verursacht, sondern durch eine Auswechslung der gesamten Urbevölkerung. Es folgten eine Unterbrechung der kontinuierlichen Entwicklung des Besiedlungssystems und soziale und kulturelle Veränderungen. Unter anderem veränderte sich die Beziehung der neuen Bewohner zur Region, in die sie mit unterschiedlichen Zielen und Vorstellungen aus verschiedenen Teilen der ehemaligen Tschechoslowakei kamen. Eine bedeutende Rolle spielte ebenfalls die Deformation der demografischen Struktur der Bevölkerung. Während von der Abschiebung die Bevölkerung aller Altersgruppen betroffen war, handelte es sich bei den Neuansiedlern, mit Ausnahme der Remigranten, die oft mit ihren gesamten Familien zurückkehrten, um eine ziemlich altershomogene Gruppe.

40

Diesen spezifischen Grundzügen der neuen Bevölkerung entspricht bis heute das relativ besondere Reproduktionsverhalten der gesamten regionalen Bevölkerung. Es handelt sich um eine langfristig leicht überdurchschnittliche Sterberate und auch Fruchtbarkeitsziffer und eine bedeutend niedrigere räumliche Stabilität der Bevölkerung. Diese ist durch eine hohe Intensität der Migration mit einer niedrigen Wirksamkeit gekennzeichnet, so dass es sich überwiegend um Fluktuationsmigration handelt. Die Tatsache, dass die heutige Gesamtbevölkerungszahl im Vergleich zu den Jahren 1921 oder 1930 um ein Viertel gesunken ist und im Vergleich zum Jahr 1890 um ein Fünftel, spricht für sich selbst. Sie illustriert wahrscheinlich am besten die Bedeutung und die Auswirkungen der wichtigen politischen und sozialen Veränderungen des 20. Jahrhunderts auf die Bevölkerung.

Aktuelle Veränderungen

Die demografische Entwicklung im Kreis Liberec nach 1990 verlief ähnlich, wie die Entwicklung in der gesamten Republik: das auf die letzten Jahre zurückzuführende Wachstum der Bevölkerungszahl stellte sich ein und nach 1993 folgte eine längere Stagnationsperiode mit den ersten Anzeichen eines potentiellen Bevölkerungsschwundes. In den Jahren 1991 bis 1996 legte die offizielle Statistik eine Wachstumsbilanz um mehr als dreitausend Einwohner (von ungefähr 426 000 auf 429 000 Personen) vor, die bis zur Volkszählung im Jahr 2001 anhalten sollte. Der tatsächliche Bevölkerungszuwachs war zweifellos wesentlich niedriger.

Unsere Behauptung basiert auf folgenden Fakten: Die während der Volkszählung im Jahr 2001 ermittelte Bevölkerungszahl war um dreitausend Personen höher als im Jahr 1991, was an sich den offiziellen Ergebnissen der Bevölkerungsbilanz entspräche. Ungefähr dieselbe Anzahl der Einwohner gewann der Kreis aber durch eine Erweiterung der statistischen Kategorie „Einwohner der Tschechischen Republik" auf alle Ausländer, die im Besitz einer länger als neunzig Tage gültigen Aufenthaltserlaubnis waren. Vor 2001 wurden nur Ausländer mit einer unbefristeten Erlaubnis berücksichtigt. Unter der Voraussetzung, dass die statistische Evidenz der Umzüge vollständig ist, müssten so im Jahr 2001 im Kreis mindestens 432.000 Einwohner gezählt werden und nicht nur 429.000, wie in den Endergebnissen der Volkszählung angegeben wird. Unter der Voraussetzung, dass beide Zahlen durch denselben relativen Fehler des Zählungsprozesses belastet worden sind, kann dieser Unterschied nur auf eine nichtevidierte Wanderungsbewegung hinter die Grenzen des Kreises zurückzuführen sein. Da die Statistik der Binnenwanderung aufgrund der statistischen Definition der Migration und der Erfassungspraxis vollständig ist, betrifft die festgestellte Abweichung ausschließlich die Umzüge ins Ausland. Daraus folgt, dass die tatsächliche Migrationsbilanz im Kreis Liberec im Zeitraum zwischen den Volkszählungen ungefähr gleich Null war und nicht dreitausend Personen betrug, wie die Statistiken angeben.

Das äußerst unvollständige Register der ins Ausland ausgewanderten Bürger der Tschechischen Republik ist das Hauptproblem der Erfassung der demografischen Ereignisse und der darauf basierenden Bevölkerungsbilanz auf allen strukturellen Ebenen. Die Mehrheit der Auswanderer wird in der allgemeinen Evidenz nicht registriert, da sie ihren Umzug nicht anmeldet. Sie werden zur Meldung auch nicht angehalten. Das System verfügt lediglich über ein unwirksames Gesetz, das keine Sanktionen vorsieht. Bei Ausländern, die im Besitz einer gültigen Aufenthaltserlaubnis sind, bedeutet dies kein Problem aufgrund der befristeten Gültigkeit (gewöhnlich 1 Jahr) und der Datenerfassungspraxis. Jede Erlaubnis, die nicht neu beantragt wird, bedeutet automatisch, dass der Besitzer das Land verlassen hat, solange dieser nicht einen Vorfall registrierte, der die Verlängerung logisch verhindern würde (registrierter Umzug, Sterbefall, Einbürgerung usw.). Die ungenaue Registrierung der Auslandsauszüge der tschechischen Bürger kann ausschließlich aber überwiegend nur zum Teil erst durch die nächste Volkszählung korrigiert werden, in der diese Personen berücksichtigt werden können, die aber nur einmal in zehn Jahren stattfindet.

Laut definitiver Ergebnisse der Zählung der Bevölkerung, der Häuser und der Wohnungen im Jahr 2001 wurden im Kreis Liberec zum 1.3.2001 6.420 Ausländer mit einer unbefristeten oder einer für einen längeren Zeitraum befristeten Aufenthaltserlaubnis (Visum für mehr als 90 Tage) gezählt und in der gesamten Tschechischen Republik 124.608. Nach unserer Schätzung, zu der wir durch lineare Interpolation der Daten der Direktion Ausländerpolizei und des Grenzschutzes des Innenministeriums der Tschechischen Republik gekommen sind, waren zum Stichtag auf dem Gebiet der Tschechischen Republik ca. 203.000 Ausländer gemeldet, von denen ca. 68.000 eine unbefristete Aufenthaltserlaubnis besaßen und 135.000 eine befristete. Wir nehmen an, dass alle Ausländer mit einer unbefristeten Aufenthaltserlaubnis gezählt wurden und der Unterschied zwischen der Volkszählung und der Evidenz der Ausländerbehörde der Anzahl der Ausländer mit einer unbefristeten Aufenthaltserlaubnis gleicht. Unter dieser Voraussetzung gäbe es unter den 125.000 gezählten Ausländern 68.000 (54 %) Personen mit einer unbefristeten und 57.000 (46 %) mit einer befristeten Erlaubnis. Durch die Applikation dieser Verhältnisse auf die ausländische Subpopulation im Kreis Liberec gewinnen wir zum Stichtag der Zählung den Schätzwert von 3.470 Personen mit einer unbefristeten und 2.950 mit einer befristeten Erlaubnis. Es handelt sich in diesem Fall um die ca. dreitausend Personen, die nicht in der Bilanz der Bevölkerungsbewegung nach der Volkszählung im Jahr 1991 berücksichtigt worden sind.

Was die Bevölkerungsentwicklung des Kreises nach der letzten Volkszählung betrifft, gehen wir davon aus, dass sich die Gesamtbevölkerungszahl mit großer Wahrscheinlichkeit nicht bedeutend verändert hat. Auf dem Gebiet des Kreises Liberec leben (sind angemeldet) ungefähr 430.000 Personen. Bei dieser Einschätzung ziehen wir in Betracht: die Endergebnisse der letzten Volkszählung, die geschätzte Anzahl der nichtevidierten Ausländer, die offizielle Bilanz im Zeitraum zwischen 2001 und 2005 und den geschätzten Wert ihrer Abweichung, die sich aus der fehlerhaften Erfassung der ins Ausland ausgewanderten Personen ergibt. Dieser Wert ist nicht nur durch die niedrige Aussagekraft der Statistik beeinflusst, sondern auch durch die turbulente Entwicklung der Ausländererfassungspraxis in den Jahren 2001 bis 2004. Die Nutzung zu analytischen und prognostischen Zwecken ist daher nicht sinnvoll.

Wichtiger als die Gesamtbevölkerungszahl ist für die Funktionstüchtigkeit des sozialen Systems die Geschlechts- und Altersstruktur der Bevölkerung. Die aktuelle Altersstruktur des Kreises Liberec unterscheidet sich nicht viel von der Situation in unserer Republik. Eine besondere Aufmerksamkeit muss aber den Generationen gewidmet werden, die am Prozess der Neubesiedelung der Grenzgebiete in besonderem Maße beteiligt waren. Es handelt sich um die erste Welle der Neuansiedler, die unmittelbar nach dem Krieg und in den ersten zwei bis drei Nachkriegsjahren ankamen. Ihre aktuelle Population ist im Kreis Liberec gleich ausgeprägt wie im Rest der Tschechischen Republik. Einer der Hauptgründe, der diese jungen Menschen dazu motivierte, ins Grenzland umzusiedeln, waren die relativ leicht erreichbaren, guten Wohnmöglichkeiten. Die Erreichbarkeit der Wohnmöglichkeiten ist allgemein einer der wichtigsten Faktoren, die das Endniveau der Reproduktion in den gegebenen sozialen und kulturellen Rahmenbedingungen bestimmen. Aus diesem Grund ist im Kreis Liberec die Bevölkerung, die in der zweiten Hälfte der 40er und der ersten Hälfte der 50er Jahre geboren wurde, stärker vertreten. Es sind die Kinder der Zuwanderer, die eben das fünfzigste bis sechzigste Lebensjahr erreichen. Diese Besonderheit wirkt sich analog auf die nachfolgende Populationsentwicklung aus, deshalb sind die Populationen der 25- bis 30-Jährigen (Enkelkinder der Zuwanderer) und der 0- bis 10-Jährigen (Urenkelkinder der Zuwanderer) im Kreis ebenfalls stärker vertreten. Entsprechend schwächer sind die Jahrgänge ausgeprägt, die in den 30er Jahren und während des Krieges zur Welt gekommen sind. Das hängt wiederum mit den allgemeinen Migrationsgesetzen zusammen, denn Familien mit Kindern sind weniger mobil als Alleinstehende und kinderlose Paare, zu denen die meisten Zuwanderer zählten.

Ein wichtiges charakteristisches Merkmal jeder Altersstruktur ist neben ihrer Grundform vor allem ihre Regelmäßigkeit, die die Richtung und Kontinuierlichkeit der Populationsentwicklung für Jahrzehnte voraus bestimmt. Die gegenwärtige Altersstruktur der Bevölkerung des Kreises Liberec gehört laut der Klassifikation nach Sundbärg eindeutig dem regressiven Typus an. Sie ist durch eine enge Grundlage gekennzeichnet, d. h. eine bedeutend niedrigere Anzahl von Personen in den jüngsten Bevölkerungsgruppen im Vergleich zu den älteren Generationen, und das gilt selbst für das Intervall des erwerbsfähigen Alters (zwischen dem 15. und ungefähr 60. Lebensjahr). Sehr deutlich sind auch ihre Abweichungen, die sich am besten am Beispiel der Geburtenrate demonstrieren lassen. Anfang der 40er bis zur Mitte der 50er Jahre des vergangenen Jahrhunderts und dann während des „Babybooms" in den 70er Jahren war sie extrem hoch. Seit Mitte der 90er Jahre bis heute haben wir es mit einer anhaltend geringen Geburtenrate zu tun. Anderseits wurden die Folgen des rasanten Schwundes der Geburtenrate während des Ersten Weltkrieges in den Jahren 1915 bis 1919 praktisch behoben.

In den letzten fünfzehn Jahren alterte die Bevölkerung des Kreises Liberec ähnlich wie die Gesamtbevölkerung des Landes, was zu einem Schrumpfen der Pyramidenbasis führte, insbesondere auch aufgrund der Abnahme der Geburtenrate. Die Größe der Altersgruppe der Senioren hat sich nicht wesentlich verändert, da sie nach und nach die weniger zahlreichen Generationen der 30er Jahre aufnahm. Der drastische Rückgang der Geburtenzahlen in den letzten zehn bis zwölf Jahren wurde durch eine allgemein niedrige Fruchtbarkeitsziffer verursacht, denn die Anzahl der potentiellen Mütter im empfängnisbereiten Alter ist gewachsen und bildete somit optimale Bedingungen für ein Wachstum der Geburtenrate. Die Tatsache, dass sich die Anzahl der Neugeborenen in der 90er Jahren nicht steigerte, sondern im Gegenteil rasant sank und anschließend langfristig mit einer Zahl von 4,5 Tausend Kinder pro Jahr stagnierte, spricht für sich selbst und für einen drastischen Rückgang der Fruchtbarkeitsziffer. Dieser Rückgang entspricht im Kreis Liberec punktgenau der Entwicklung der Fruchtbarkeit in der Tschechischen Republik, wo die Gesamtfruchtbarkeitsrate (die Anzahl der lebend geborenen Kinder pro Frau während ihres reproduktionsfähigen Alters, bei gleich bleibenden Reproduktionsbedingungen während eines Jahres oder eines anders definierten Zeitraumes) innerhalb von fünf Jahren von 1,9 Kinder auf 1,2 Kinder sank und hielt sich unter diesem Grenzwert bis zum Jahr 2004.

Der starke Rückgang der Fruchtbarkeitsziffer war die Folge der sozialwirtschaftlichen Veränderungen, die mit dem Wandel des politischen Systems und der Rückkehr zur freien Marktwirtschaft verbunden waren. Jungen Menschen eröffneten sich völlig neue Möglichkeiten und Rahmenbedingungen und die Hierarchie ihrer Werte änderte sich rasch.

Sie wandten sich von den traditionellen Werten ab und eigene Familie und Kinder rutschten auf ihrer Werteskala weit hinter Ausbildung, Karriere, Reisen, gesellschaftliches und kulturelles Leben und andere Möglichkeiten.

Mit den sinkenden sozialen Sicherungen und als Folge eines neu entstandenen Phänomens - der Arbeitslosigkeit - wuchs gleichzeitig die Unsicherheit in der Gesellschaft. Auch die Wohnsituation verschlechterte sich deutlich, denn Anfang der 90er Jahre wurde der Wohnungsbau praktisch stillgelegt und die Marktpreise für bestehende Wohnmöglichkeiten waren für junge Menschen nicht akzeptabel. Als Ergebnis dieses Wandels wurden Eheschließungen und Elternschaft ins höhere Alter verschoben.

Der beobachtete Rückgang der Fruchtbarkeitsziffer wies gewisse Unregelmäßigkeiten auf und verlief in zwei bzw. drei Phasen. In der ersten Phase, bis zum
Jahr 1993, hielt eine höhere Fruchtbarkeit an, ungefähr auf dem Niveau der
zweiten Hälfte der 80er Jahre, in der noch häufiger Eheschließungen stattfanden.
In der zweiten Phase nahm innerhalb von drei Jahren die Fruchtbarkeit von
Frauen zwischen dem 15. und 35. Lebensjahr markant ab. Es war die Reaktion
auf die sehr frühzeitig angekündigte Abschaffung des Systems der Kredite für
junge Ehen, der durch einen niedrigen Zinssatz und Vergünstigungen bei Geburt
jedes Kindes gekennzeichnet war. In der dritten Phase führten die aktuellen Veränderungen zur Transformation der Fruchtbarkeitsverteilung nach Alter. Innerhalb dieser Transformation sank wesentlich die Fruchtbarkeit von sehr jungen
und jüngeren Frauen (bis zum 25sten Lebensjahr), und die Fruchtbarkeit von
älteren Frauen begann zu wachsen. Das Ergebnis war der Anstieg des modalen
(am häufigsten vorkommenden) Alters der Mütter bei der Geburt des ersten
Kindes von ca. 21 Jahren im Jahr 1991 auf 29 Jahre im Jahr 2004. In den letzten
zwei bis drei Jahren treten die Folgen der früher häufig verschobenen Elternschaft auf, und die Gesamtfruchtbarkeitsrate der Frauen im Kreis Liberec
wächst. Im Vergleich zu den 90er Jahren sind heute die ersten Anzeichen für
frühzeitigere Elternschaften wahrzunehmen, und die Fruchtbarkeit der Frauen
um das 25. Lebensjahr steigt an, so dass man auf eine günstigere Situation auf
dem Wohnungsmarkt und wachsendes Vertrauen in die Zukunft schließen kann.
Gleichzeitig kommt es zu einer intensiven Realisation der vergangenen Ver-
schiebungen aus den 90er Jahren. Es gebären gegenwärtig de fadcto zwei Generationen von Müttern parallel ihre ersten Kinder, die jüngeren bis 30 Jahre und
die älteren ab 30 Jahre, was kurzfristig in den nächsten fünf bis sieben Jahren
das Wachstum der Gesamtfruchtbarkeitsrate unterstützen wird. Reell kann man
erwarten, dass dieser Einfluss trotz sinkender Anzahl potentieller Mütter im modalen Alter die Zunahme der Geburtenrate verursacht. Neueste statistische Daten
zur natürlichen Reproduktion der Bevölkerung im Kreis Lieberec im Jahr 2005
signalisieren, dass sich diese Erwartung zu erfüllen beginnt.

Einen deutlichen, aber zeitlich gleichmäßiger verteilten Rückgang verzeichnete
auch die Gesamtsterblichkeitsrate. Die Lebenserwartung (die durchschnittliche
Lebenslänge einer Person bei gleich bleibender Sterblichkeitsrate während eines
Jahres oder eines anders definierten Zeitraumes) stieg im Kreis Liberec zwischen den Jahren 1991 und 2004 bei Männern um 4 Jahre von 68 auf 72 Jahre
und bei Frauen um 3 Jahre von 75 auf 78 Jahre. Diese Werte entsprechen den
Gesamtwerten in der Tschechischen Republik, wobei der Kreis Liberec während
des gesamten Beobachtungszeitraumes vor allem bei den Männern leicht unter
dem tschechischen Durchschnitt lag. Zu dem beobachteten Rückgang der Sterblichkeitsrate im Kreis Liberec trug bei Männern vor allem die niedrigere Sterblichkeit in der Altersgruppe 60 bis 69 (fast zu einem Viertel) bei, weiterhin die
Abnahme der Säuglingssterblichkeit und der Sterblichkeit in allen Altersgruppen

zwischen dem 40sten und 80sten Lebensjahr. Die höhere Lebenserwartung bei Frauen ist zu einem Drittel auf die niedrigere Sterblichkeit in der Altersgruppe 70 bis 79 und zum Teil auch in der Altersgruppe 50 bis 70 zurückzuführen. Wie schon erwähnt, ist die Berücksichtigung des Migrationshintergrundes aufgrund verschiedener Einflüsse sehr schwierig. Dazu gehören: die Unvollständigkeit der Datenbank, die Unterbrechung der kontinuierlichen Erfassung nach der Neu-formulierung der Definition des tschechischen Bürgers im Jahr 2001 und die sich wiederholt veränderte Erfassungspraxis in den Jahren 2001 bis 2004. Das Ergebnis ist eine unklare Wanderungsbilanz und ein oszillatorisches Migrations-saldo zwischen +1.400 und -500 Personen jährlich in den letzten fünf Jahren.

Die Prognose...

Konkrete und ausreichend detaillierte Angaben zu der zukünftigen Entwicklung der Bevölkerungszahl, zur Geschlechts- und Altersstruktur und auch zum Aus-maß und zu den zeitlichen Parametern der Entwicklung kann man nur anhand der Ergebnisse einer demografischen Prognose machen. Unsere Prognose wurde im September 2005 als Vorarbeit zur Prognosensammlung über die Bevölke-rungsentwicklung in den einzelnen Regionen der Tschechischen Republik er-stellt.[1]

Bei der Schätzung des Parameters der Fruchtbarkeit gingen wir von der prog-nostischen Annahme aus, dass die Reproduktionsintensität von Frauen im Kreis ihr Minimum bereits in der Vergangenheit erreichte und weiterhin nur wachsen wird. In den ersten fünf bis sieben Jahren rechnen wir mit einem dynamischen Wachstum aller Merkmale, vor allem aufgrund der Realisierung der zurückge-stellten Elternschaften aus den 90er Jahren. Danach, spätestens in den Jahren 2010 bis 2012, erwarten wir eine deutliche Verlangsamung des Wachstums und in den nächsten zehn bis fünfzehn Jahren seine Stabilisierung zwischen 1,5 bis 1,6 lebend geborenen Kindern pro Frau, wenn die wahrscheinlichste mittlere

---

[1] Zur Erstellung der Prognose wandten wir die klassische Kohorten- und Komponen-tenanalyse der Bevölkerungsentwicklung an. Diese Methode besteht darin, dass Gene-rationen (Kohorten) von Männern und Frauen ins höhere Alter versetzt werden, wobei nur zwei von drei Komponenten der Populationsentwicklung, die Sterberate und die Migration, berücksichtigt werden und die noch nicht geborenen Generationen laut angenommener Entwicklung der Geburtenrate eingesetzt werden. Bei der Parametererrechnung für das verwendete projektive Modell sind wir von der bisherigen Entwicklung der Fruchtbarkeit und der Geburtenrate, der Sterberate und der Migration über die Grenzen des Kreises aus-gegangen, so wie sie in Grundzügen oben beschrieben wurden. Anhand der Erkennung von Mechanismen, Bedingungen und weiteren Zusammenhängen formulierten wir vorerst die Grunderwartungen. Daran knüpfte die Formulierung der konkreten Vorstellungen und die Einschätzung der Parameter des vorgestellten Models an. Durch Applikation des projekti-ven Modells erhielten wir die Schätzung der detaillierten Geschlechts- und Altersstruktur der Bevölkerung am jeweiligen Jahresende im Zeitraum von 2003 bis 2050.

Variante der Prognose eintritt. Auch die bedeutend höheren (1,8) oder niedrigeren (1,4) Endwerte der Gesamtfruchtbarkeitsrate können nicht ausgeschlossen werden. Diese hängen von der Entwicklung der Reproduktionsbedingungen und von der Einstellung der künftigen, noch nicht geborenen Generationen von potentiellen Müttern und Vätern zur Elternschaft ab.

Was die Lebenserwartung betrifft, erwarten wir ebenfalls ein anhaltendes Wachstum dieses Indexes. Mit unseren Schätzungen konzentrieren wir uns stärker auf die aktuellen Entwicklungstendenzen der Sterberate, da diese in ihrem Verlauf wesentlich stabiler ist als die Entwicklung der übrigen Reproduktionsparameter. Auch hier rechnen wir jedoch mit einem verlangsamten Wachstum und zwar unmittelbar zu Beginn des beobachteten Zeitraumes. Im Falle der mittleren Variante erhöht sich die Lebenserwartung bei Männern in den ersten Jahren von 72 auf 82 Jahre und bei Frauen von 79 auf 86 Jahre. Die Grenzwerte liegen im Jahr 2050 bei Frauen zwischen 80 - 83 Jahren und bei Männern zwischen 84 - 88 Jahren.

Die perspektivische Migrationsentwicklung, die bei der Erstellung von Populationsprognosen am schwierigsten zu erfassen ist, wurde im Ergebnis auf die Schätzung der spezifischen Intensitäten der Auswanderungen und analog nach Geschlecht und Alter der strukturierten Anzahl der Zuwanderungen reduziert. Die verwendete Gliederung nach Alter entspricht dabei der empirischen Struktur aus dem Jahr 2003, die zum Zweck der Prognose teilweise angepasst wurde. Der Gesamtmigrationssaldo des Kreises Liberec wurde für die nächsten 20 bis 25 Jahre auf ca. 1.300 Personen jährlich geschätzt. Die Grenzwerte betragen 1.200 bis 1.700 Personen pro Jahr.

...und die Endperspektive

Was unsere prognostischen Vorstellungen über das Reproduktionsverhalten der Bevölkerung im Kreis Liberec betrifft, erwarten wir also ein dynamisches Wachstum der Fruchtbarkeit, eine anhaltende Verlängerung der Lebenserwartung ebenso wie eine deutlich verstärkte und effektivere Wanderungsbewegung der Bevölkerung. Dieser progressive Wandel wird mit größter Wahrscheinlichkeit nur einen leichten Bevölkerungszuwachs und eine dynamische Alterung der Gesellschaft zur Folge haben. Es muss nämlich noch eine bedeutende Entwicklungsdeterminante berücksichtigt werden: die aktuelle Altersstruktur zu Beginn der Prognose. Diese lässt perspektivisch nicht viel Spielraum für einen quantitativen Zuwachs der beobachteten Bevölkerung und kaum eine Möglichkeit der Veränderung des bereits begonnenen Alterungsprozesses zu.

Laut der Ergebnisse der mittleren Variante der Prognose haben wir im Kreis Liberec in den nächsten 35 Jahren mit einer Bevölkerungszunahme von weniger als 20.000 Personen zu rechnen, von den heutigen 430.000 auf 450.000 Personen. Das bedeutet einen Gesamtzuwachs von weniger als 5 %, also 0,1 % pro

Jahr. Die Spanne zwischen dem unteren und dem oberen Wert der Prognose beträgt 110.000 Personen (390.000, bzw. 500.000 Einwohner). Dies hängt mit dem Fakt zusammen, dass es sich um eine regionale Prognose handelt, die sich auf eine kleinere und, was den Migrationshintergrund betrifft, ziemlich offene Subpopulation bezieht.

Die heutige Entwicklung der Region hängt nicht von der Größe derselben ab, sondern von der Qualität der Bevölkerung. Die wichtigsten Merkmale der Qualität der Bevölkerung sind aus Sicht der Demografie ihre Alters- und Geschlechterstruktur. Besonders die Altersstruktur der Bevölkerung wird sich in der Zukunft verändern, nicht nur im Kreis Liberec. Ähnlich wird es allen Kreisen und geographischen Einheiten ergehen. Das Ausmaß und die Dynamik der Veränderung der Alters- und Geschlechterstruktur des Kreises Liberec während des gesamten Zeitraumes unserer Prognose bis 2050 zeigt, dass die nächsten 45 Jahre im Zeichen von wichtigen strukturellen Veränderungen stehen werden. Die zukünftige Entwicklung der Alterspyramide wird von der Abnahme der jüngeren Generation und der zahlenmäßigen Angleichung der nachfolgenden Generationen geprägt sein. In den nächsten 20 Jahren werden sich zweifellos die Veränderungen der Alterspyramide, die durch die geringe Geburtenzahl in der zweiten Hälfte der 30er Jahre des letzten Jahrhunderts verursacht wurde, ausgleichen – analog zum früheren und sehr wichtigen Einschnitt in der Alterspyramide, der der niedrigen Fruchtbarkeit im Ersten Weltkrieg geschuldet war. Betrachtet man die Gegenseite der Alterspyramide, haben die zahlenmäßig starken Geburtenjahrgänge der 70er Jahre – aufgrund ihres geänderten generativen Verhaltens – nicht wie erwartet zum starken Anstieg der Fertilitätsraten beigetragen. Eine weitere Veränderung der Alterspyramide könnte nur durch einen sehr dynamischen Zuwachs der Geburtenzahlen in den nächsten 5 bis 7 Jahren verursacht werden. Dessen Ausmaß wäre im Vergleich zu den diskutierten Veränderungen eher unbedeutend. Die künftige Alterspyramide wird in den unteren zwei Dritteln schlanker sein.

Im Gegensatz dazu wird die Generation der über 60-Jährigen wachsen, trotz Rückgangs der Gesamtbevölkerungszahl. Die derzeitige vom Typus her regressive Altersstruktur wird sich in den nächsten Jahren in dynamischer Weise verstärken, bis dann um das Jahr 2040 eine Stagnation eintreten wird.

Die künftige Veränderung der Altersstruktur wird sich deutlich auf die Personenanzahl in den Grundalterskategorien auswirken und auch auf ihr gegenseitiges Verhältnis. Das zahlenmäßige Verhältnis zwischen den Gruppen "Kinder und Jugend" und „erwerbsfähige Personen" wird sich weniger verändern. Beide Gruppen werden sich in vergleichbarem Maße verkleinern. Die Gruppe der Senioren wird hingegen weiterhin im Verhältnis zur Gruppe „Kinder und Jugendliche" überproportional wachsen. Zurzeit ist im Kreis Liberec die Anzahl der Kinder immer noch um ein Fünftel höher als die Anzahl der Senioren 65+.

Im Laufe der nächsten 45 Jahre wird sich das Verhältnis dieser beiden Gruppen zueinander weiter verschieben: Auf 1 Kind (0-15 Jahre) werden 2 Personen über 65 Jahre kommen.

Die zuletzt erwähnten demografischen Veränderungen werden einen bedeutenden strukturellen Wandel im Kreis Liberec nach sich ziehen. Dies ist jedoch nicht die einzige bedeutende Veränderung. Wirtschaftlich und sozial erscheint die dauerhafte Verschlechterung der Relation zwischen der Anzahl der älteren Personen und der Personen im erwerbsfähigen Alter sogar schwerwiegender. Der Altersabhängigkeitsquotient bezeichnet das Verhältnis der wirtschaftlich abhängigen Personen der Altersklasse 60+ zur Altersklasse der Personen im erwerbsfähigen Alter. Nach unserer Erwartung wird sich dieser Quotient von aktuell 19 % (d.h., auf 100 Personen im erwerbsfähigen Alter kommen 19 Senioren) in den nächsten 30 Jahren verdoppeln, um dann bis zum Jahre 2050 einen Wert von 43 % zu erreichen. Das Hauptmerkmal der Bevölkerungsentwicklung im Kreis Liberec wird im gesamten Prognosezeitraum die progressive Alterung der Bevölkerung sein.

Angesichts der demografischen Alterung, d.h. der Tatsache, dass der Anteil der Generation der über 60-Jährigen zunimmt, steht der Kreis Liberec heute an der Schwelle einer sehr dynamischen Intensivierung dieses Prozesses. Die geburtenstarken Jahrgänge der 40er Jahre des letzten Jahrhunderts erreichen nämlich in etwa im Jahre 2005 das Seniorenalter.

Die Alterung der Bevölkerung des Kreises Liberec wird auch nach dem Abklingen dieser Populationswelle nicht aufzuhalten sein. Wie unsere Berechnungen zeigen, wird sich diese Entwicklung aufgrund der immer niedrigeren Anzahl der Neugeborenen und der wachsenden Lebenserwartung fortsetzen. Dieser Trend wird verstärkt durch die Tatsache, dass die Generationen, die in den 70er Jahren des letzten Jahrhunderts geboren wurden, in den nächsten 30 bis 40 Jahren in das Seniorenalter eintreten werden. Anders als die Entwicklung der altersspezifischen Rate und die verschiedenen Abhängigkeiten erwarten lassen, ist die demografische Alterung ein kontinuierlicher Prozess, der fließend in der Zeit - unabhängig von den abgegrenzten Alterskategorien – verläuft. Das beweist die gleichmäßige Entwicklung des Durchschnittsalters der Bevölkerung im Kreis Liberec, das nach der mittleren Variante der Prognose von den aktuell 39 Jahren bis auf 46 Jahre im Jahre 2050 steigen wird. (Abb. 2)

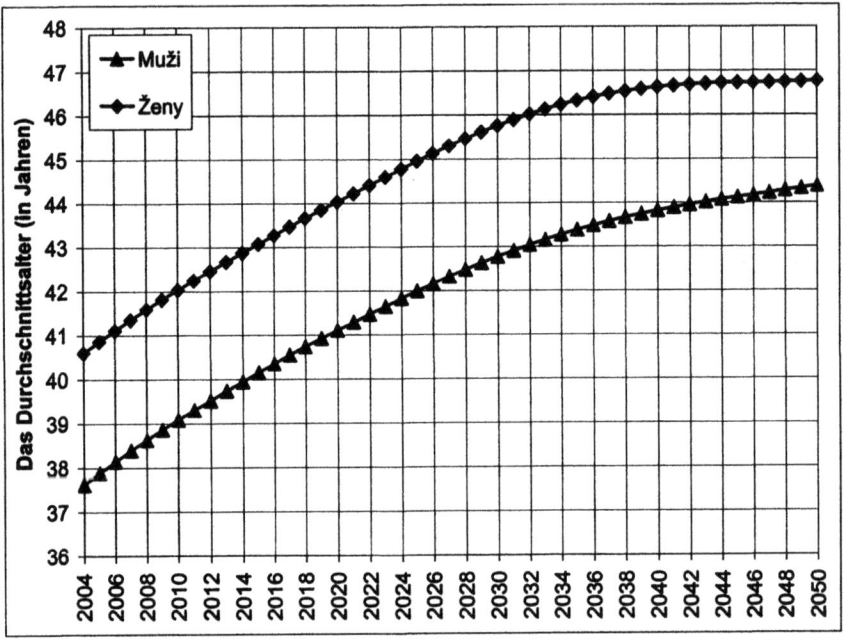

Quelle: Eigene Berechnungen ; Muži = Männer, Ženy = Frauen

Da die demografische Alterung kontinuierlich verläuft und die Altersgrenze zwischen der jüngeren und älteren Bevölkerung eine mehr oder weniger subjektive Festlegung darstellt, lohnt es sich, auf die künftige Entwicklung der Anzahl der Senioren im Kreis Liberec näher einzugehen. Bis zum Jahr 2050 erwarten wir einen Zuwachs von mehr als 60.000 Personen in dieser Altersgruppe. Ihre Anzahl steigt also von den aktuell 55.000 bis auf 117.000 im Jahre 2050. Der Anteil der Senioren an der Gesamtbevölkerungszahl des Kreises steigt somit von aktuell 17 % auf 30 % am Ende des Beobachtungszeitraums.

Die Änderungen des Durchschnittsalters und die Entwicklung der Bevölkerungsanzahl in den Grundalterskategorien tendieren oft dazu, die feinen strukturellen Veränderungen, wie z.B. unterschiedlich schnelle Entwicklungen der Seniorenanzahl in den einzelnen Altersabschnitten, zu überdecken. Die Kategorie der Senioren erwarten nämlich in der näheren Zukunft bedeutende Veränderungen der inneren Struktur nach Alter. Wir erwarten bei den höheren Altersgruppen einen deutlich höheren absoluten und relativen Zuwachs als bei den jüngeren Gruppen. So steigen zwischen den Jahren 2004 und 2050 die Anzahl der über 75-Jährigen um das Dreifache und die Anzahl der über 85-Jährigen sogar um das Siebenfache (Abb. 3).

50

Abb.3: Erwartete Entwicklung der Seniorenanzahl nach Altersgruppen in den Jahren 2004 und 2050

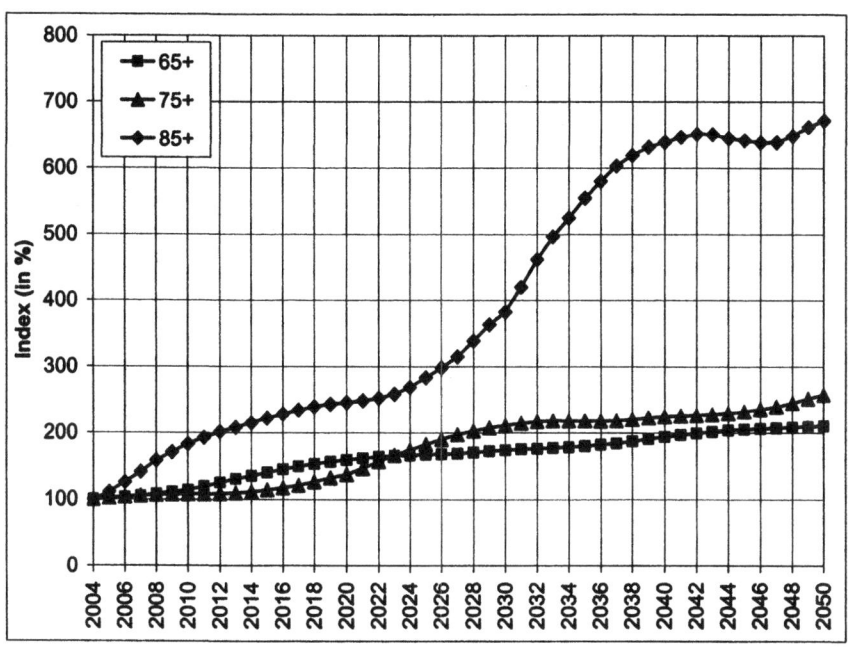

Quelle: Eigene Berechnungen

Im Kreis Liberec kommt es somit zu einer beschleunigten Alterung innerhalb der alternden Gesellschaft. Diese besondere Alterungsform betrifft dabei nicht nur die Bevölkerung im postproduktiven Alter, sondern auch erwerbsfähige Altersgruppen.

Was die Unterschiede in der Geschlechterstruktur angeht, erwarten wir eine größere Anzahl von älteren Männern in der Gesellschaft als Folge einer schnelleren Verbesserung der Sterblichkeitsverhältnisse bei Männern in der Alterskategorie „Mittleres Alter bis 69 Jahre" als bei Frauen. Das künftige zahlenmäßige Verhältnis zwischen Männern und Frauen über 60 wird sich dadurch ausgleichen.

Zusammenfassung und Schlussfolgerung

Aufgrund der Ergebnisse der präsentierten Prognose kann man behaupten, dass die zukünftige Bevölkerungsentwicklung im Kreis Liberec im Zeichen einer Stagnation stehen wird bzw. eines weiteren Rückganges des Kinderanteiles, da die Anzahl der Frauen im gebärfähigen Alter in den nächsten Jahren genauso sinken wird. Die vorhandenen Unregelmäßigkeiten in der Altersstruktur werden zu einer rapiden Abnahme der Personen im erwerbsfähigen Alter führen und

51

zwar in zwei Etappen. Im ersten Schritt erreichen die zahlenmäßig starken Generationen, die im Laufe des zweiten Weltkrieges und vor allem in den Nachkriegsjahren zur Welt kamen, das postproduktive Alter. Das postproduktive Alter erreicht man mit einer Altersgrenze, die jedes Jahr neu definiert wird, und die einen Rechtsanspruch auf eine volle Altersrente gewährleistet. Im zweiten Schritt erreichen in ca. 30 bis 40 Jahren die Jahrgänge die Grenze des postproduktiven Alters, die in den 70er Jahren geboren wurden. Durch eine weitere niedrigere Sterblichkeit im höheren und im höchsten Alter kommt es innerhalb der darauf folgenden Jahre zu einem dynamischen Zuwachs von Seniorenzahlen, vor allem der sog. „oldiest old" (der über 85-Jährigen).

Es ist uns heute schon bekannt, dass immer mehr Personen aus den einzelnen Generationen das Seniorenalter erreichen werden. Die heutigen und die zukünftigen Senioren werden mit Sicherheit länger leben als ihre Vorgänger. Gleichzeitig kann man nicht einschätzen, ob die werdenden Senioren besser leben werden als ihre Vorgänger. Die meisten von ihnen werden über ein weniger ausgeprägtes familiäres Gefüge verfügen und öfter aufgrund einer höheren Sterblichkeit bei Männern als bei Frauen und einer höheren Scheidungsrate ihren Lebensabend ohne ihren Partner verbringen müssen. Dazu kommt eine niedrigere Anzahl von Kindern und weiteren Verwandten in den jüngeren Generationen, was auf eine niedrigere Fruchtbarkeit von Frauen zurückzuführen ist. Die familiären Bindungen zwischen den zukünftigen Senioren und ihren Kindern werden nicht besonders eng sein.

Aufgrund der gestiegenen Migrationsmobilität wird die räumliche Entfernung zwischen den Eltern und Kindern größer. Die zukünftigen Senioren werden vorwiegend allein leben. Diese Entwicklung zeichnet sich bereits schon heute durch die Zunahme von Single-Haushalten ab. Die Abhängigkeit von den Sozialsicherungssystemen wird intensiver sein und gleichzeitig auch länger, weil die Lebenserwartung der zukünftigen Senioren steigen wird und mit zunehmendem Alter auch die Häufigkeit und die Intensität der auftretenden Krankheiten. Die an die Familie, ja an die gesamte Gesellschaft gestellten Ansprüche werden weiter steigen. Die Steigerung der Kosten für das Gesundheitswesen geht einher mit der Notwendigkeit einer erhöhten Gesundheits- und Sozialvorsorge. Im Gegensatz zu der in den letzten Jahren häufig geführten Debatte über die bevorstehende Erhöhung der Kosten im Bereich der Rentenversicherung wird das gesamte soziale Sicherungssystem von dieser Tendenz betroffen sein.

Die demografische Alterung ist nicht aufzuhalten oder in sonstiger Weise zu vermeiden. Das haben die Ergebnisse verschiedener Populationsprognosen inklusive der hier präsentierten Prognose über die Bevölkerungsentwicklung im Kreis Liberec und die daraus resultierenden Berechnungen deutlich gezeigt. Die Dynamik dieses Prozesses lässt sich nur sehr geringfügig korrigieren. Die einzige Möglichkeit, der demografischen Entwicklung zu begegnen, ist, sich auf sie vorzubereiten und durch geeignete Systemveränderungen ihren negativen Auswirkungen entgegenzuwirken. Das betrifft nicht nur alle Ebenen der öffentlichen Verwaltung, sondern auch jede Familie. Jeder Einzelne ist gefordert.

Die Reform der regionalen sowie der lokalen Sozial- und Gesundheitssysteme ist ein Muss für die heutige Zeit. Denn die heutigen Systeme sind auf den erwarteten demografischen Wandel und die mit ihm einhergehenden Veränderungen in keiner Weise vorbereitet. Die Politiker auf allen Ebenen (also sowohl auf der kommunalen und regionalen Ebene als auch auf der „Bundesebene") müssen sich darüber im Klaren werden, dass die Sozialsicherungssysteme nicht über Nacht und auch nicht innerhalb einer Legislaturperiode zu reformieren sind. Man braucht dazu einen noch viel längeren Atem. Das Problem liegt nicht nur darin, dass es eine geraume Zeit zu überbrücken gibt, bis das neue System voll funktionsfähig ist, sondern auch darin, dass das Standard-Denken der Politiker nicht die Bedürfnisse unserer Zeit zu erfassen vermag. Nicht zuletzt mangelt es an Verantwortung und politischem Mut bei den Entscheidungsträgern. Es ist fünf vor zwölf: Ein weiteres Abwarten wäre äußerst kurzsichtig und der letztendliche Preis extrem hoch.

Das Phänomen der demografischen Alterung entwickelt sich allmählich zu einem globalen Problem, welches nach und nach alle Länder und Gebiete der Welt erfassen wird. Das Ausmaß und die Qualität der Vorbereitung auf die demografische Alterung und ihre Bewältigung – das heißt: die konkrete Fähigkeit, sich mit ihr und ihren Folgen auseinanderzusetzen – werden in der nahen Zukunft sichtlich zu den bedeutendsten Faktoren für Wirtschaftswachstum und Entwicklung in den Ländern der ganzen Welt und ihren Regionen werden.

Dieser Beitrag entstand im Rahmen und mit der Unterstützung des Forschungsprojektes MSM 0021620831 Geographische Systeme und Risikoprozesse im Kontext der globalen Veränderungen und der europäischen Integration (Karlsuniversität Prag)

53

Magister Katarzyna Delikowska, Direktorin der Fachschule für Sozialdienste, Wroclaw

Älter werden auf dem polnischen Lande: Region Zgorzelec/Niederschlesien

---

Životní situace seniorů na polském venkově: region Zgorzelec/Dolní Slezsko

Transformace společnosti v důsledku politických změn ovlivnila životní situaci seniorů na polském venkově zásadním způsobem. Jejich životní zkušenosti a vůle, podílet se na reformě společnosti, narazily na nezájem veřejnosti. Velká část seniorů na venkově se dodnes nevyrovnala s touto novou společenskou realitou. Často jsou považováni za přítěž pro hospodářství. Senioři, kteří většinu svého života požívali výhody sociálního státu, si jen stěží zvykají na nové změny. Jejich přístup ke zdravotnickým a rehabilitačním službám je značně omezený. Jejich životní realita na venkově je často poznamenaná nezaměstnaností, chudobou a nevyhovující infrastrukturou (venkovní toalety, domácnosti bez tekoucí vody). Kromě toho dochází také na venkově stále častěji k rozpadu mnohagenerančních rodin. Tato zkušenost je především pro staré občany na venkově velmi bolestná, neboť zde byly úzké rodinné svazky hluboce zakořeněné.

Proces starzenia się na wsi polskiej: Region Zgorzelca/Dolnego Śląska

Poszkodowanymi w wyniku transformacji społecznej i przemian politycznych w Polsce są szczególnie ludzie zamieszkujący wieś. Nikt nie był gotów wdrożyć ich doświadczeń życiowych i gotowości do działania. Wielu starszych ludzi na wsi do dzisiaj nie potrafi się odnaleźć w nowej rzeczywistości. W społeczeństwie są oni postrzegani jako obciążenie dla gospodarki rynkowej. Przyzwyczajeni do systemu państwa ochronnego, nie są w stanie zaakceptować zmian. Mają ograniczony dostęp do służby zdrowia i możliwości rehabilitacji. Środowisko na wsi jest naznaczone często biedą, brakiem infrastruktury (toalety na zewnątrz, brak bieżącej wody). Ponadto na wsi dochodzi też do rozpadu wspólnego życia wielopokoleniowego. Ze względu na dotychczasowe, głęboko zakorzenione więzi rodzinne, mający obecnie miejsce na wsi kryzys rodziny, jest przede wszystkim bolesny dla ludzi starszych.

Im Vergleich mit anderen europäischen Staaten ist Polen demografisch noch nicht sehr alt, was sich jedoch den Prognosen nach ändert. Eine besonders hohe Wachstumsgeschwindigkeit der Anzahl älterer Menschen wird in der Altersgruppe der Vergreisung sowie bei Menschen, die medizinische Versorgung und soziale Hilfe benötigen, beobachtet.

Die Lebensbedingungen alter Menschen, die in ländlichen Gebieten leben, werden von der Kultur der gesamten Gesellschaft definiert. Lösungen, die von der Politik vorgegeben werden, können die individuelle Verantwortung für die eigene Alterung nicht ersetzen, aber sie können und sollen als Anreiz dienen. Zur Zeit haben alte Menschen auf dem Lande eine Gemeinsamkeit, die durch die gesellschaftlich-kulturelle Vergangenheit geprägt worden ist. Wahrscheinlich werden zukünftige Generationen älterer Menschen besser ausgebildet, aktiver, leistungsfähiger sein und in besseren wirtschaftlichen Verhältnissen leben.

In Polen wurden und werden die gesellschaftlichen Lebensbedingungen durch die seit 1990 andauernde gesellschaftliche Transformation beeinflusst. Sie hat alte Normen, Ordnungen und die Mentalität verändert. Die polnische Bevölkerung formt ihr gesellschaftliches Leben, indem sie immer neue historische Erfahrungen gewinnt und sich stets auf der Suche nach neuen Lösungen befindet. Dies stellt einen natürlichen Prozess dar, der gesellschaftliche Veränderungen hervorbringt. Dazu zählen unter anderem: Natur- und Umweltveränderungen, Lebensbedingungen und die Bevölkerungsstruktur. Diese Veränderungen haben viel Positives, aber auch Negatives gebracht, und zwar Armut und Arbeitslosigkeit, die die Menschen an den gesellschaftlichen Rand drängen; sie haben zu einer Veränderung der Identität geführt. Während der Transformation sind alte Menschen kaum berücksichtigt worden. Niemand wollte ihre wertvolle Lebenserfahrung und Teilnahmebereitschaft einbeziehen. Viele alte Menschen, die auf dem Lande leben, können sich bis heute nicht in der neuen schwierigen Realität wieder finden. Die Gesellschaft betrachtet sie als einen Ballast für die Marktwirtschaft. Alte Menschen sind nicht auf die rasanten Veränderungen vorbereitet worden. Sie waren an das alte System des Versorgungsstaates gewöhnt und können sich nicht an die neue technische Entwicklung anpassen. Besonders alte Menschen auf dem Lande leiden darunter. Sie haben häufig keine Ausbildung, geringe Einnahmen und vegetieren in einer Umwelt, in der Arbeitslosigkeit und Armut herrschen. Sie haben keinen Zugang zu speziellen medizinischen Dienstleistungen und keine Rehabilitationsmöglichkeiten. Obwohl sich die Struktur der Dörfer derzeit durch innere Migration verändert (es ziehen immer mehr junge aktive Menschen aufs Land), werden die alten, in die Dörfer integrierten Menschen, immer ärmer, schwächer und ratloser. Demografische Daten bestätigen diese Fakten. Sie zeigen deutlich, dass in den Dörfern die Anzahl alter Menschen im Vergleich zur gesamten Population in Polen steigt.

Im Jahre 2001 war jede fünfte Frau (20,7 %) und jeder sechste Mann auf dem Land (17,4 %) älter als 60 Jahre. Personen über 75 bildeten 5,4 % dörflicher Population (in den Städten 4,3 %). Den Prognosen zufolge soll im Jahre 2010 die Stadtbevölkerung über 75 Jahre 5,8 %, in den Dörfern 6,2 % sowie 7,5 % der Frauen in den Städten als auch 8,3 % in den Dörfern im Pensionsalter betragen. Analysiert man demografische Daten, so merkt man, dass die Mehrheit der Dorfbewohner im Pensionsalter mit Armut, Arbeitslosigkeit und fehlender Infrastruktur konfrontiert wird.[1]

Die Transformation hat auch die typische polnische Familie beeinflusst. Verändert wurden die gesellschaftlichen Rollen, die Grundfunktionen sowie die zwischenfamiliäre Beziehungen. Man beobachtet das Auseinanderbrechen von Mehrgenerationenfamilien, die bisher gemeinsame Hilfe und Pflege garantiert haben. In den letzten 50 Jahren sind große Veränderungen in der Struktur und den Funktionen einer auf dem Lande lebenden Familie zu verzeichnen. Sie sind dadurch bedingt, dass junge Leute in die Städte geflüchtet sind, um dort bessere Arbeitsbedingungen zu finden. Viele alte Menschen leben in dem Dilemma zu entscheiden, ob sie auf dem Dorf bleiben oder mit ihrer Familie in die Stadt ziehen sollen. Meistens sind es kranke Menschen, die durch die Krankheit gezwungen werden, ihr bisheriges Leben aufzugeben, das ihnen bis dahin als Motor diente und eine gewisse Stellung in der Familie garantierte. Alte polnische Landsleute sind sehr oft einsam. Der Grund dafür sind fehlende Kontakte zwischen den Familienmitgliedern. Die Tendenz, dass mehrere Generationen einer Familie gemeinsam unter einem Dach leben, wird häufig zudem durch die wirtschaftliche Notlage, nicht durch emotionalen Zusammenhalt diktiert. Dank dem gemeinsamen Wirtschaften profitieren jüngere Generationen, die die Rente der Älteren als festes Einkommen einplanen können. Oft ist dies die einzige Einnahmequelle der ganzen Familie. Darunter, dass sich die emotionalen Bindungen verschlechtern, leiden die älteren Menschen. Diese familiäre Krise herrscht auch auf dem Dorf, wo es für die alten Menschen besonders schmerzhaft ist, da die enge familiäre Bindung dort bishertief verwurzelt war.

Die schwierige wirtschaftliche Situation auf dem Land sowie fehlende Lösungen im sozialen Bereich führen dazu, dass alte Menschen beschränkte Möglichkeiten der medizinischen und sozialen Hilfe haben. Sehr häufig fehlen in vielen Dörfern Arztpraxen. Ärzte in der Stadt aufzusuchen ist mit hohen Kosten und langen Wartezeiten verbunden. Die Ärzte geben keine Überweisungen zu Spezialisten.

Die medizinische Versorgung befindet sich in einer allgemeinen Krise. Alte Menschen gehen selten zum Zahnarzt, da diese Kosten von ihnen selbst getragen werden müssen.

---

[1] E. Trafiałek, Polska starość w dobie przemian. Katowice 2003 S.26

Die gesellschaftliche Transformation hat auch die sozioökonomische Struktur der Haushalte verändert. Die Rente ist die Haupteinnahmequelle, die aus der ländlichen Sozialversicherung bezogen wird, in etwa zwischen 650 - 1000 polnische Zloty. Die Situation der Haushalte alter Menschen auf dem Dorf ist schlechter als die in der Stadt. Aufgrund der durchgeführten Untersuchungen herrscht ein schlechter technischer Stand vor, vor allem in den Wohnungen.[2] Es fehlt Geld für Renovierungen und Sanierungen. Alte Menschen altern gemeinsam mit ihren Wohnungen. Die technische Ausstattung entspricht nicht dem modernen Standard. Jeder achte Haushalt besitzt kein fließendes Wasser. Jeder vierte Haushalt besitzt fließendes Wasser, aber ohne Toilette. Eine volle technische Ausrüstung (Wasser, WC, Bad, Gasheizung) besitzen nur 42% aller Haushalte.[3] Diese grausame Situation ist wirklich ein Problem für die alten Menschen. Sie müssen Wassereimer und Brennholz tragen, Außentoiletten benutzen usw. Die Lebensphase Alter bringt mehr Freizeit mit sich. Die Landbewohner nutzen kulturelle Angebote nur sporadisch (Kino, Theater, Museen, Bücher- und Zeitungseinkauf), da dies mit hohen Kosten verbunden ist und viele alte Menschen es sich nicht leisten können. Zu den Schwierigkeiten gehören auch räumliche Barrieren. Die Reiseaktivität ist sehr gering, nur 2,2% der Dorfbevölkerung kann es sich leisten, zu reisen.

Statistisch gesehen füllt die ältere Dorfbevölkerung ihre Freizeit mit hauswirtschaftlichen Tätigkeiten, Fernsehen, vor dem Haus sitzen, aus dem Fenster schauen, in die Kirche gehen und Kontaktpflege mit den Nachbarn.[4] Der alte Mensch auf dem Lande steht auf verlorenem Posten, er lebt bescheiden, kann die Möglichkeiten, die die moderne Welt bietet, nicht nutzen. Er konzentriert sich vor allem auf seine gesundheitlichen und materiellen Probleme und ist vor allem rund um die eigene Familie und Kirche aktiv.

Zusammenfassung
- Verweiblichung des Altseins auf den Dörfern
- Ausweitung von Erkrankungen und Verringerung des Leistungsniveaus
- Größerer Bedarf an medizinischer und sozialer Versorgung
- Einsamkeit
- Wachsende Wohnprobleme verbunden mit schlechten Wohnungszuständen
- Geringe kulturelle Aktivität

---

[2] P. Błędowski, Gospodarstwa domowe i sytuacja mieszkaniowa ludzi starych. (w:) Polska starość red.: B.Synaka Gdańsk 2002 S.132

[3] P. Błędowski op.cit. S. 123

[4] L Frąckiewicz, Miejsce człowieka starego w rodzinie (w:) Rodzina. Społeczeństwo. Gospodarka Rynkowa pod red. J. Kroszela, Opole 1995

- Wirtschaftliche Degradierung alter Dorfbewohner
- Notwendigkeit gerontologischer Ausbildung bei jungen und alten Menschen
- Maßnahmen zur Lösung der Probleme alter Menschen

Literaturverzeichnis

Rocznik Statystyczny Woj. Dolnośląskiego, 2004, Urząd Statystyczny we Wrocławiu, W-w, 2004

Rocznik demograficzny RP, W-w, 2004

Trafiałek E., Polska starość w dobie przemian, Katowice, 2003 Wyd. Śląskie

Bień B., Opieka zdrowotna i pomoc w chorobie (w:) Polska starość red., Synak B., Gdańsk, 2002

Dyczewski L., Kultura polska w procesie przemian, Lublin, 1995

Frąckiewicz L., Miejsce człowieka starszego w rodzinie (w:) Rodzina. Społeczeństwo. Gospodarka rynkowa, Wydawnictwo Uniwersytetu Opolskiego, Opole, 1995

Frąckiewicz L., Społeczne i ekonomiczne konsekwencje procesu starzenia się ludności (w:) Polska a Europa. Procesy demograficzne u progu XXI w., red. Frąckiewicz L., Katowice, 2002

Klonowicz S., Starzenie się ludności (w:) Encyklopedia Seniora, W-wa, 1986

Kowalewski J.T., Ludność w starszym wieku w rolniczych gospodarstwach domowych (w:)Proces starzenia się ludności – potrzeby i wyzwania, Red., Kowalewski L. Szukalski P., Łódź 2002

Tryfon B., Starość w rodzinie wiejskiej, W-wa, 1991

RNDr. Radim Perlín, Karls-Universität Prag

Die Lebensbedingungen der Senioren in den ländlichen Gebieten Tschechiens

---

Životní situace seniorů na českém venkově

Rozmístění seniorů na českém venkově je srovnatelné s celkovým rozmístěním seniorů v celé populaci. Výraznější rozdíly v územním rozmístění je možné sledovat pouze u nejmenších obcí, kde jednak stoupá podíl seniorů a dále dochází k výraznější územní diferenciaci rozmístění osob starších 60 let. Nejstarší venkovské oblasti Česka jsou území vnitřní periferie na rozhraní Středočeského kraje ve velmi malých obcích do 500 obyvatel. Nejnižší podíl osob ve věku nad 60 let na českém venkově je naproti tomu v dosídlených oblastech českého pohraničí a v zázemí urbanizovaných regionů s vysokými hodnotami migračního salda v uplynulých dekádách.

This paper has been supported by research program No. MSM 0021620831

Sytuacja życiowa seniorów na obszarze wsi czeskiej

Nie ma znaczącej różnicy w podziale seniorów na żyjących na wsi i zaliczanych do ogółu ludności. Istotne różnice w podziale geograficznym zauważa się tylko w najmniejszych gminach wiejskich, gdzie wzrasta liczba seniorów oraz obserwuje się coraz bardziej widoczne zróżnicowanie w grupie wiekowej 60 lat i powyżej. Do najstarszych obszarów wiejskich zalicza się bardzo małe gminy liczące do 500 mieszkańców na wewnętrznych peryferiach okręgu Środkowe Czechy. Do najmłodszych obszarów należą nowo zasiedlone po drugiej wojnie światowej regiony przygraniczne oraz regiony zurbanizowane, które od kilkudziesięciu lat wykazują wysokie saldo migracji.

Der gesellschaftliche und politische Wandel der tschechischen Gesellschaft brachte die verschiedensten Änderungen mit sich. Nach 1990 kam es zu relativ raschen Veränderungen in den demographischen Grundkategorien. Unter anderem stieg die Anzahl der Personen im postproduktiven Alter überraschend schnell. Die Auswirkungen der höheren Anzahl von Senioren waren in städtischen und ländlichen Gebieten unterschiedlich. Während in den Städten keine grundlegenden gesellschaftlichen, sozialen oder demographischen Probleme verursacht wurden, bedeutete dieser höhere Anteil von Senioren für die ländlichen Gebiete einen bedeutenden Eingriff in die bisher relativ stabile demographische Situation.

Dieser Beitrag konzentriert sich auf die Auswertung der Auswirkungen der gesellschaftlichen und politischen Veränderungen auf die ländlichen Gebiete Tschechiens, das heißt, auf die auf dem Land lebende Bevölkerung über 60. Der Beitrag versucht zum einen die Frage der regionalen Verteilung der Personen im postproduktiven Alter auf dem tschechischen Land zu beantworten und zum anderen die speziellen Probleme der Senioren in den kleinsten kommunalen Einheiten zu analysieren. Unterscheidet sich die demographische Struktur der tschechischen ländlichen Gebiete von der allgemeinen Bevölkerungsstruktur Tschechiens insgesamt? Altert die Bevölkerung der tschechischen ländlichen Gebiete im Vergleich zu den städtischen schneller – wie allgemein angenommen wird? Ziel dieses Beitrags ist es, diese Thesen zu beweisen oder zu widerlegen.

Zudem sollen die Ursachen für die beginnende soziale Ausgrenzung eines Teils der ländlichen Bevölkerung aufgrund ihres zunehmenden Alters und die wichtigsten Trends der heutigen Zeit erschlossen werden.

Eine Schlüsselrolle kommt bei dieser Art von Betrachtung der Definition des ländlichen Raumes, beziehungsweise der ländlichen Siedlung, zu. In der tschechischen Fachliteratur besteht weitgehend Einigkeit darüber, wie eine ländliche Siedlung zu definieren ist. Hauptkriterium ist dabei ihre Größe. Andere theoretische Ansätze der Abgrenzung des ländlichen Raumes sind laut Majerová (2005) nicht vorhanden.

Majerová analysiert (u. a.) in der Einleitung zu der vergleichenden Studie „Die ländlichen Gebiete Tschechiens" (2005) die Möglichkeiten der Entwicklung der ländlichen Gebiete in ausgewählten, charakteristischen Ländern der EU. Weiterhin wertet sie die Prozesse der Urbanisierung und der Kontra-Urbanisierung aus, und ergründet ihren Einfluss auf die Neugestaltung des ländlichen Raumes. In der Diskussion kommt es entscheidend auf den Inhalt des Begriffs "rural", "ländlich" an, beziehungsweise auf den Inhalt des Begriffes "Ruralität". Die Veränderung der Hauptfunktion der ländlichen Gebiete von zunächst einer Stätte der landwirtschaftlichen Urproduktion über ein Gebiet, das "ganz normale" Arbeitsmöglichkeiten bietet, zu einem Gebiet der aktiven Naherholung, geht einher mit den veränderten Ansprüchen, die an die ländlichen Gebiete und vor allem an die kleinsten ländlichen Siedlungen gestellt werden. Aufgrund der gewählten gesamteuropäischen Sicht auf das Thema bewertet Majerová die Entwicklungstrends, beziehungsweise die Veränderungen nur aus der Perspektive eines gesamten Landes. Die regionalen Unterschiede in der Betrachtung des ländlichen Raumes und die daraus resultierenden Ansprüche an die Landbewohner werden nicht kommentiert – mit Ausnahme des Zeitraumes der deutschen Teilung in den Jahren 1945 bis 1990.

Majerová (2005) stimmt vielen anderen Autoren zu, die eine Neudefinierung des Begriffs "ländliche Gebiete" für notwendig halten. Gleichzeitig sieht sie in der Landwirtschaft den wichtigsten Antrieb für eine progressive Entwicklung der ländlichen Gebiete. Diese Schlussfolgerung entspricht jedoch nicht den Erkenntnissen über die heutige soziale und wirtschaftliche Bevölkerungsstruktur der ländlichen Gebiete und zieht ebenfalls nicht die wirtschaftlichen Prozesse in Betracht, die sich gegenwärtig in den ländlichen Räumen abspielen. Eine wichtige Rolle spielt Landwirtschaft vor allem bei der Bodennutzung und der Landschaftsgestaltung. Was die Erwerbstätigkeit und die Beteiligung am Bruttoinlandsprodukt betrifft, hält sich ihr Anteil relativ gering (gemessen am Anteil der in der Landwirtschaft erwerbstätigen Personen auf dem Land).

Ähnlich wie Majerová hält auch Douwe van der Ploeg (2000), Leiter einer Gruppe von Autoren, die Erstellung einer umfassenden theoretischen Grundlage zur Erfassung der Möglichkeiten der Entwicklung der ländlichen Gebiete für äußerst notwendig. Im Rahmen der aktuellen Modernisierungstheorien sollen neue Paradigmen der Entwicklung der ländlichen Gebiete erarbeitet werden. Die Entwicklung dieser Gebiete muss als ein Prozess verstanden werden, der auf mehreren Ebenen verläuft und in dem die große Anzahl der lokalen Akteure eine wichtige Rolle spielt. Dieser Prozess verändert sich im Laufe der Zeit.

„Die Entwicklung der ländlichen Gebiete ist ein vielschichtiger, autonomer, selbst gesteuerter Prozess. Die sich entwickelnde Landwirtschaft wird in diesem Prozess weiterhin die Schlüsselrolle spielen. Der Agrarsektor wird sich jedoch den Wirtschaftsbedingungen anpassen" (Douwe van der Ploeg, 2000). Die Verfasser des einleitenden Beitrages zur erweiterten Sammelausgabe von Texten über die theoretischen Grundlagen der Entwicklung der ländlichen Gebiete halten die Landwirtschaft und die landwirtschaftliche Produktion für die wichtigsten Akteure der Entwicklung der ländlichen Gebiete.

Die demografischen Probleme oder die Problematik der Benachteiligung von bestimmten sozialen Gruppen auf dem Land werden in der Fachliteratur sehr oft diskutiert. Die Autoren machen auf die spezifischen Bedingungen der ländlichen Bevölkerung aufmerksam, die bei der Auseinandersetzung mit der sozialen und wirtschaftlichen Ausgrenzung dieses Teiles der Bevölkerung berücksichtigt werden müssen. Commins (1993) stellt fest, dass die soziale und wirtschaftliche Ausgrenzung nicht nur mit den längeren Anfahrtswegen zu den Arbeitsstätten und dem Abbau im Dienstleistungssektor verbunden ist, sondern definiert die Benachteiligung anhand von vier Faktoren:

1. politisches System und die Beteiligung an der Macht, die die gesellschaftliche Integration ermöglichen,

2. Arbeitsmarkt, der die wirtschaftliche Integration ermöglicht,

3. Wohlfahrtsstaat, der die soziale Integration ermöglicht,

4. Systeme Familie und Gesellschaft, die die individuelle (persönliche) Integration ermöglichen.

Shucksmith und Chapman erläutern am Beispiel der sozialen Ausgrenzung in Schottland, dass sich die Verschlechterung der Bedingungen für eine aktive Beteiligung der ländlichen Bevölkerung auf breite, sehr differenzierte Personengruppen auswirkt und nicht nur auf Landwirte. Weiterhin stellen sie fest, dass es einen eindeutigen Unterschied zwischen der allgemein deklarierten politischen Absicht und deren tatsächlichen Umsetzung gibt. Das Engagement der politischen Entscheidungsträger auf der regionalen Ebene und der „Bundesebene" ist sehr wichtig, um Bedingungen für die Überwindung von sozialer Ausgrenzung zu schaffen und die Entwicklung der ländlichen Gebiete voranzutreiben. Im Hinblick auf die Besiedelungs- und Verwaltungsstruktur in Großbritannien spielen laut Shucksmith und Chapman die kommunalen politischen Vertreter bei der Bildung von Entwicklungspolitiken für die ländlichen Gebiete nur eine Nebenrolle.

Van Winden (2001) befasst sich mit der Rolle der modernen Medien bei der sozialen Ausgrenzung. In seinem Beitrag geht er von einem breiteren Einsatz von modernen Kommunikationsmitteln in den ländlichen Gebieten aus. Die Bedeutung dieser Medien bei der Minderung der sozialen Ausgrenzung wird zunehmen. Die entscheidende Rolle bei der Bereitstellung der Kommunikationsnetze sollte laut van Winden die kommunale Verwaltung übernehmen. In diesem Punkt grenzt sich von Winden von Shucksmith und Chapman ab. Man muss jedoch bedenken, dass in den ländlichen Gebieten und anderen spezifischen geographischen Einheiten mit einer zersplitterten Verwaltungsstruktur die kommunalen Entscheidungsträger nicht die aktive Rolle bei der Einführung von modernen Technologien übernehmen können. Außerdem wird es für die vorwiegend ältere Bevölkerung auf dem Land und für die Einwohner, die oft beruflich nicht mit modernen Technologien zu tun haben, sehr schwierig sein, diese Technologien zu Hause zu nutzen.

Die soziodemographische Betrachtung der ländlichen Bevölkerung in Tschechien befasst sich vor allem mit der Analyse des Bevölkerungsstandes und setzt Schwerpunkte auf das Merkmal der Alterung der Bevölkerung auf dem Lande oder auf andere relativ negative demografische Merkmale der ländlichen Bevölkerung. Sie konzentriert sich mehr auf den Vergleich von größeren Verwaltungseinheiten, den Kreisen, und bewertet nicht die unterschiedlichen demographischen Entwicklungen auf dem Lande und in den Städten (Hrabánková, 2005).

Die spezifische soziale und wirtschaftliche Lage ausgewählter Gruppen im Zusammenhang mit dem Alter (Senioren, junge Bevölkerung usw.) wird in der tschechischen Fachliteratur nicht all zu oft erwähnt. Bei den wenigen durchgeführten Studien geht es überwiegend um eine detaillierte Beschreibung von Prozessen, die innerhalb einer kleinen Raumeinheit – einer ländlichen Kommune – eine Rolle spielen. Sie basieren auf einer genauen Beobachtung, oder sie konzentrieren sich auf den Vergleich von zwei oder drei Kommunen mit einem unterschiedlichen sozialen und wirtschaftlichen Hintergrund.

Bei der Erfassung von charakteristischen Merkmalen der ländlichen Gebiete ist es notwendig, den Begriff „ländliche Gebiete" abzugrenzen und inhaltlich zu definieren.

Zu den moderneren Definitionen zählt vor allem die des Dictionary of Human Geography, in dessen vierten Ausgabe der Begriff „ländliches Gebiet" (rural) aufgeführt wird. Dieser Begriff wird als ein Gebiet definiert, auf dem eine extensive Nutzung des Bodens, Landwirtschaft, Forstwirtschaft und große freie Flächen dominieren. Für die ländlichen Gebiete ist eine engere Bindung zwischen den Menschen und der Landschaft und mehr Respekt gegenüber der Umwelt charakteristisch.

Das Gesetz Nr. 128/2000 des Kommunalgesetzes nutzt den Begriff ländliche Gebiete nicht. Das Gesetz legt aber Kriterien für die Erteilung des Stadtrechtes fest. Als Städte werden die Kommunen betrachtet, die das Stadtrecht zum Tag der Rechtskräftigkeit des Gesetzes Nr. 128/2000 besaßen. Kommunen mit mindestens 3000 Einwohnern wird auf ihren eigenen Antrag hin durch den Vorsitzenden des Abgeordnetenhauses des Parlaments das Stadtrecht erteilt (das Gesetz Nr. 128/2000 des Kommunalgesetzes). Die Novellierung des Gesetzes aus dem Jahr 2006 regelt zusätzlich die Bedingungen zur Erteilung des Statuts" městys" – größere ländliche Gemeinde.

In den Eurostat-Dokumenten wird der ländliche Raum anhand von Bevölkerungsdichte definiert. Unter dem Begriff "ländlicher Raum" versteht man ein Gebiet, in welchem die Bevölkerungsdichte in einer ländlichen Gemeinde (Einheit NUTS V) unter dem Wert 100 Einwohner/km^2 liegt. Die Anwendung dieser Definition gestaltet sich vor allem bei der Abgrenzung von ländlichen Gemeinden problematisch, die eine niedrige Anzahl von Einwohnern haben und gleichzeitig sehr kleine Flächen einnehmen. In solchen Fällen kann die Bevölkerungsdichte über den Grenzwert steigen. In der Tschechischen Republik findet man mehr als 700 Gemeinden, die weniger als 2000 Einwohner haben und deren Bevölkerungsdichte trotzdem mehr als 100 Einwohner/km^2 beträgt.

Eine andere Möglichkeit der Abgrenzung einer ländlichen Gemeinde ist die Einstufung nach der Einordnung der Gemeinde im öffentlichen Verwaltungssystem. Nach der Neuerrichtung der historischen kommunalen Selbstverwaltung nach 1990 wurde die Bezeichnung der einzelnen Gemeinden, die durch die Volskomitees eingeführt wurde, übernommen. Kommunen mit einem Volkskomitee des II. und des III. Grades erhielten das Stadtrecht, die übrigen Kommunen hat man als ländliche Gemeinden bezeichnet. Auch wenn die Erteilung des Stadtrechtes keinen Einfluss auf das Ausmaß der übertragenen Kompetenzen hat, verlangten viele Gemeinden auf dem Lande das Stadtrecht oder den Statut einer größeren ländlichen Gemeinde. Durch die Einführung des Gesetzes Nr. 128/2000 des Kommunalgesetzes wurde die Erteilung des Stadtrechtes durch die Mindestanzahl von 3000 Einwohnern bedingt. Das bedeutet jedoch nicht, dass die Gemeinden, die dieses Recht schon früher erhalten haben, es wieder verlieren würden. Außerdem muss man erwähnen, dass die Ernennung zur Stadt keinen Einfluss auf die Position der Gemeinde im Verwaltungssystem hat.

Anhand der oben diskutierten Probleme mit der Begriffsbestimmung der ländlichen Gemeinden kann man feststellen, dass sich das System der Kriterien zur Abgrenzung einer ländlichen Gemeinde mit der Zeit verändert. Trotzdem kann man einige Hauptkriterien identifizieren:

Tab. 1: Kriterien zur Abgrenzung einer ländlichen Siedlung

Kriterium	Hauptmerkmal
urbanistische Struktur	niedrige Besiedlungsdichte, Bauernhöfe, ausgedehnte öffentliche Flächen, niedriger Anteil von bebauten Flächen
architektonische Merkmale	flache Bebauung, Integration von Wohn- und anderen Funktionen, keine Mietwohnungen, individuelle Bebauung
soziale Merkmale	Konservativismus, Traditionalismus, Nachbarschaft, Partizipation, Kooperativität, gemeinsam erlebte Geschichte
wirtschaftliche Merkmale	längere Arbeitswege, Beschäftigung in der Landwirtschaft, größerer Anteil von Selbstversorgung, handwerkliche Betätigung
öffentliche Verwaltung	Bezeichnung Gemeinde, Position der Gemeinde im Verwaltungssystem
quantitative Merkmale	Einwohnerzahl, Bevölkerungsdichte, Fläche, Anteil von bebauten Flächen

Zum Zweck dieser Studie wurden als ländliche Gemeinden alle Gemeinden mit mehr als 2000 Einwohnern berücksichtigt. Diese Abgrenzung basiert auf den Kenntnissen der tschechischen Besiedelungsstruktur und ist in der Fachliteratur üblich. Dieses Kriterium wandte zum Beispiel auch Maříková (2005) an, die die ländlichen Siedlungen anhand von verschiedenen Kriterien abgrenzt.

Das Problem bei der Abgrenzung von ländlichen Gemeinden ist die nicht kompakte Besiedelungsstruktur. In Tschechien gibt es einerseits mehr als 5.600 ländliche Gemeinden, die aber aus mehr als 11.000 kommunalen Einheiten (Dörfern) zusammengesetzt sind, die räumlich getrennt und urbanistisch miteinander nicht verbunden sind. Die ländlichen Gemeinden und zwar auch die kleinsten, bestehen oft aus zwei oder mehr kommunalen Einheiten, was meist dazu führt, dass die Gemeinde (die aus mehreren kommunalen Einheiten besteht) den Einwohnerzahlgrenzwert überschreitet, ohne dass zumindest eine Einheit diesen Wert erreicht. Auch verwaltungsmäßig uneigenständige ländliche kommunale Einheiten können zu Stadtteilen werden, obwohl sie niedrige Einwohnerzahlen haben. Es handelt sich hier zwar um keine Ausnahmefälle, trotzdem können diese Fälle unberücksichtigt bleiben. In Tschechien kann man aufgrund dieses quantitativen Kriteriums insgesamt 5633 ländliche Gemeinden feststellen. Als sehr kleine ländliche Gemeinden kann man Gemeinden mit maximal 500 Einwohnern bezeichnen. In der tschechischen Republik sind zurzeit 3693 Gemeinden mit maximal 500 Einwohnern registriert. Die Bewertungsmerkmale für diese Siedlungen werden im weiteren Text aufgeführt.

Die Arbeitsmethodik

Die eigentliche Bewertung der regionalen Differenzierung der Bevölkerung nach Senioren in den ländlichen Gemeinden basiert auf der Bevölkerungszählung aus dem Jahr 2001. Die Ergebnisse der Zählung ermöglichen eine detaillierte Auswertung nach Altersgruppen und außerdem eine ausreichend detaillierte regionale Sichtweise. In die Auswertung wurden alle ländlichen Gemeinden mit 2000 und weniger Einwohnern aufgenommen, ohne Rücksicht auf ihren verwaltungsrechtlichen Status und auf die Anzahl von kommunalen Einheiten, aus denen sie bestehen. In eine detaillierte Auswertung von sehr kleinen Gemeinden wurden Gemeinden mit maximal 500 Einwohnern miteinbezogen.

Die Auswertung betrifft lediglich die Angaben über die Gemeinden insgesamt, ohne darauf Bezug zu nehmen, aus wie vielen räumlich getrennten Teilen die eigentliche Verwaltungseinheit Gemeinde besteht. Der Einfluss von Städten wurde in der Auswertung also nicht berücksichtigt. Die regionale Differenzierung wurde auf der Ebene der insgesamt 77 Verwaltungseinheiten – der Bezirke der Tschechischen Republik - durchgeführt, die eine ausreichend detaillierte Analyse der räumlichen Differenzierung der beobachteten Erschei-nungen ermöglicht. Für die einzelnen Auswertungen wurden die Werte der Gruppe der Senioren verwendet. Für Senioren halte ich im Rahmen dieser Arbeit alle Personen über 60. Zur Feststellung des Altersquotienten habe ich die Werte der wirtschaftlich abhängigen Senioren ins Verhältnis zu den Werten der noch nicht erwerbstätigen Generation 0 bis 14 gesetzt. Der Altersquotient be-zeichnet das Verhältnis der Personen 60+ zu den Personen 0 bis 14 x 100. Der Wert des Quotienten 100 charakterisiert einen ausgeglichenen Anteil beider Altersgruppen.

Regionale Differenzierung

Bei der regionalen Differenzierung von Senioren im tschechischen Besiedlungssystem muss man vor allem auf den hohen Anteil von Senioren in den Kerngebieten der tschechischen Besiedlung, ausgenommen die Gebiete der Metropole Prag, aufmerksam machen. Es handelt sich vor allem um Bezirke an der Grenze zwischen dem Kreis Mittelböhmen und den benachbarten Kreisen. Eine zusammenhängende Fläche mit einem sehr hohen Anteil von Senioren bilden im Westen die Bezirke Rakovník, Beroun und Rokycany, Příbram, Plzeň Süd, Klatovy und weiter entlang der Grenze des Kreises Mittelböhmen bis nach Ostböhmen. Ein zweites Gebiet mit einem hohen Anteil von Senioren befindet sich in der Region um Brno. Es handelt sich um die Gebiete, in denen es nach dem zweiten Weltkrieg zu einem Schwund der jungen Bevölkerung kam, die diese Regionen verlassen haben und in die sich schnell entwickelnden Zentren der Schwerindustrie, der Metallindustrie und in die Metropolen umgesiedelt sind. Aus diesem Grund ist auch der Anteil von Senioren in den industriellen Zentren in Nordböhmen und in den Bezirken des Kreises Mährisch-Schlesien sehr niedrig.

Bei der Betrachtung der Differenzierung der Bevölkerung – Senioren in ländlichen Gemeinden - stellt man fest, dass sich dieses regionale Muster von dem Muster aller Gemeinden der Tschechischen Republik nicht unterscheidet. Die Annahme, dass auf dem Land eine stärker polarisierte Differenzierung zwischen den Regionen mit einer jüngeren und einer älteren Bevölkerung existiert, hat sich daher nicht bestätigt. Bei der Betrachtung des Gesamtanteiles der älteren Personen kann man sagen, dass die ländliche Bevölkerung der Senioren im Verhältnis zur Gesamtbevölkerung ziemlich hoch vertreten ist, jedoch erreicht sie in keiner der beobachteten Regionen Extremwerte, die den gewöhnlichen Rahmen sprengen würden.

Bei der Auswertung der Seniorenpopulation in kleinen ländlichen Gemeinden bis 500 Einwohner wird deutlich, dass hier das gleiche regionale Muster der Seniorenverteilung erhalten bleibt. Regionen mit einem höheren Anteil von Senioren im Rahmen der Auswertung aller ländlichen Gemeinden weisen auch einen hohen Seniorenanteil in den Gemeinden bis 500 Einwohner auf.

Es treten keine Unterschiede zwischen den einzelnen Regionen auf, und man kann keine Gemeinden als extrem "alt" oder "jung" im Vergleich zu den Gesamtwerten der tschechischen Republik bezeichnen. Betrachtet man den Anteil der älteren Bevölkerung in den kleinen ländlichen Gemeinden, muss man ebenfalls anmerken, dass hier eine leichte Steigerung des Anteils der Senioren um ca. 1 % zu beobachten ist.

Zur Feststellung der demografischen Stabilität wurde der Altersquotient berechnet. Die postproduktive Altersgruppe (Senioren) und die vorproduktive Altersgruppe (Kinder) wurden zu diesem Zweck ins Verhältnis gesetzt.

Die Ergebnisse der eigentlichen Betrachtung der regionalen Unterschiede stimmen mit den bisher gewonnenen Daten überein. Eine Differenzierung zwischen den tschechischen ländlichen Kerngebieten, vor allem in Mittelböhmen und den tschechisch-deutschen Grenzgebieten wird deutlich. Es handelt sich um die demographischen Folgeerscheinungen der Vertreibung der Sudetendeutschen und der Neubesiedlung dieser Gebiete. Bei den Neueinsiedlern handelte es sich um eine demografisch weniger stabile Bevölkerung mit einer weiterhin sehr hohen

Mobilität. Die Bevölkerung hier ist also deutlich jünger und der Altersquotient liegt im Unterschied zu den restlichen Gebieten unter 100. Die Generation der Kinder bis 15 Jahre ist anteilig höher vertreten als die Generation der Senioren. Wenn es in den ländlichen Gebieten zu keiner weiteren Abwanderungswelle kommt, stehen die Chancen für eine günstige generative Entwicklung der Region sehr gut. Den höchsten Anteil der älteren Generation im Vergleich zur Generation 0 bis 14 findet man in den ländlichen Gemeinden in den Bezirken des Kreises Mittelböhmen. Hier kommen auf ein Kind 1,2 bis 1,4 Senioren.

Bei der Auswertung von Werten des Altersquotienten in den kleinen ländlichen Gemeinden bis 500 Einwohnern spielen die allgemein höheren Werte des Quotienten eine Rolle und nicht die regionalen Unterschiede. Während die regionalen Unterschiede weiterhin der bereits beschriebenen Verteilung der beobachteten Erscheinungen in allen ländlichen Gebieten Tschechiens entsprechen, erreichen die einzelnen Werte des Quotienten die Maximalwerte von 135 - 167. Das bedeutet, dass in diesen Regionen auf ein Kind im Alter bis 15 Jahre 1,35 bis 1,67 Senioren kommen, die Altersstruktur verändert sich also deutlich zu Gunsten der ältesten Generationen.

Schlussfolgerungen

Dieser Beitrag konzentrierte sich auf die Beobachtung von zwei Erscheinungen bei der Verteilung von Senioren in Tschechien. Zum ersten wurde die regionale Verteilung von tschechischen Senioren beobachtet und zum zweiten der Anteil der Senioren in der Gesamtbevölkerung. Die Auswertung bezog sich auf die ländlichen Gemeinden in der Tschechischen Republik, die als Gemeinden mit maximal 2000 Einwohnern definiert wurden. Die präsentierten Ergebnisse konnten anhand eines Vergleiches der Werte des gesamten Landes mit den Werten für die ländlichen Gemeinden erzielt werden. Die Auswertung der regionalen Unterschiede in der Seniorenverteilung und des Seniorenanteiles in der Tschechischen Republik nach Bezirken brachten einige wichtige Erkenntnisse:

Es existiert kein bedeutender Unterschied zwischen der geographischen Verteilung der Senioren in der Gesamtbevölkerung und der geographischen Verteilung der Senioren auf dem Land. Räumlich betrachtet weisen Regionen, die an den Kreis Mittelböhmen angrenzen und Regionen um die Metropole Brno einen höheren Anteil von Senioren auf. Es handelt sich um Regionen, die in den 60er Jahren die letzte große Abwanderungswelle von den ländlichen Gebieten in die Städte verkraften mussten und die aufgrund der Neubesiedlung der Grenzgebiete nach dem zweiten Weltkrieg und durch die Abwanderung in große Industriestädte einen großen Teil ihrer Bevölkerung verloren haben.
1. Zu den jüngsten Gebieten zählen aus regionaler Sicht die großen Immigrationszentren nach dem zweiten Weltkrieg. Damalige Immigranten aus anderen Regionen Tschechiens und der Slowakei siedelten sich hier an und gründeten

Familien. Deshalb ist hier der Seniorenanteil niedriger. Es handelt sich vor allem um Regionen, die nach der Vertreibung der Sudetendeutschen neu besiedelt wurden.

2. Betrachtet man den Anteil der Altersgruppe 60+ ist dieser in den ländlichen Siedlungen ein wenig höher als in der Gesamtbevölkerung. Die These, dass auf dem Land deutlich mehr Senioren leben, stimmt also nicht.

3. Der Anteil von Senioren in der Kategorie der kleinsten Gemeinden, die in der Tschechischen Republik 60 % aller Gemeinden bilden, wächst. Trotzdem gibt es auch in dieser Kategorie Regionen, in denen der Anteil von Kindern bis 15 Jahre höher ist als der Anteil der Senioren.

4. Hand in Hand mit der Suche nach Lösungen des mittlerweile gesamteuropäischen Problems der Alterung der Bevölkerung werden wir auch nach neuen Möglichkeiten für Senioren auf dem Land suchen müssen.

Literaturverzeichnis

De Janvry, A., Sadoulet, E., Murgai, R. (2002): Rural Development and Rural Policy Handbooks in Economics. 2002, Vol 18; Part 2a, S. 1593 - 1658

Commins P. (ed) 1993: Combating exclusion in Ireland 1990 - 94: A midway report, Brussels, European Commission)

Dictionary of Human Geography (2000), 4th Edition, Blackwell Publishers, Ltd, USA, 958 ff.

Douwe van der Ploeg, J. (ed) 2000: Rural Development: From Practices and Policies Towards Theory, Sociologia Ruralis 30/4, Blackwell Publishers, S. 391 - 412

Hrabánková M. (2005): Vybrané aspekty demografického vývoje v ČR in Majerová V. ed.(2005): Český venkov 2005 – Rozvoj venkovské společnosti, Česká zemědělská univerzita, Praha, S. 58 - 68

Majerová V. ed.(2005): Český venkov 2005 – Rozvoj venkovské společnosti, Česká zemědělská univerzita, Praha, S. 162

Maříková, P.(2005): Venkov v České republice – teoretické vymezení, in Majerová V. ed.(2005): Český venkov 2005 – Rozvoj venkovské společnosti, Česká zemědělská univerzita, Praha, S. 37 - 57

Perlín R. (2006): Does the strategic plan develop rural micro regions?, Acta Geographica Universitatis Comenianae, Bratislava, S. 11

Sčítání lidu domů a bytů 2001, Český statistický úřad, soubor podrobných výsledků

Shucksmith, M,. & Chapman, P (1998).: Rural Development and Social Exclusion, Sociologia Ruralis Volume 38, Blackwell Publishers, S. 225 -242

Van Winden, W. (2001): The End of Social Exclusion? On Information Technology Policy as a Key to Social Inclusion in Large European Cities, Regional Studies Routledge, Volume 35/9, S. 861 - 877

Dieser Beitrag entstand im Rahmen und mit der Unterstützung des Forschungsprojektes MSM 0021620831 Geographische Systeme und Risikoprozesse im Kontext der globalen Veränderungen und der europäischen Integration (Karlsuniversität Prag)

Dipl.-Ing. Lutz Penske, Architekt, und Dipl.-Geograph Franz-Josef Keul, Stadt-verwaltung Görlitz, Stadtplanungs- und Bauordnungsamt Görlitz

Stadtentwicklung und Stadtumbau am Beispiel Görlitz

Vývoj a výstavba města na příkladu Görlitz

Do našeho města se stěhuje stále větší počet občanů ve věku 51 až 70 let. Tento současný demografický trend je z našeho pohledu projektantů města velmi důležitý. Jedná se převážně o finančně velmi dobře situované občany. V současné době probíhá velmi živá diskuze o významu těchto občanů pro místní ekonomiku především z pohledu nastartování nových ekonomických procesů a vytvoření nových pracovních míst pro mladší občany. Z těchto důvodů bývá městu Görlitz často přiznáván experimentální charakter v rámci vypořádání se s celospolečenskou problematikou stárnutí populace.

Rozwój i przebudowa miasta na przykładzie Görlitz

Opracowując plan rozwoju miasta Görlitz bierze się pod uwagę trend wzrostu napływu do tego miasta ludzi w wieku między 51 a 70 rokiem życia. Dyskutowane jest obecnie znaczenie tej nowej grupy mieszkańców o na ogół wysokich dochodach dla rowoju lokalnej sytuacji ekonomicznej ze względu na powstanie nowych obiegów działalności gospodarczej i stworzeniu miejsc pracy dla młodych ludzi. Podsumowując można powiedzieć, że miasto Görlitz nabrało charakteru pola doświadczalnego w obchodzeniu się społeczeństwa z osobami starszymi.

Aktuelle demographische Tendenzen der Stadt Görlitz

Die Bevölkerungsentwicklung der Stadt Görlitz gestaltet sich seit einigen Jahren zunehmend günstiger, was in erster Linie darauf zurückzuführen ist, dass die Zuzüge nach Görlitz die Fortzüge ausgleichen, mittlerweile sogar übertreffen (vgl. Abb. 1).

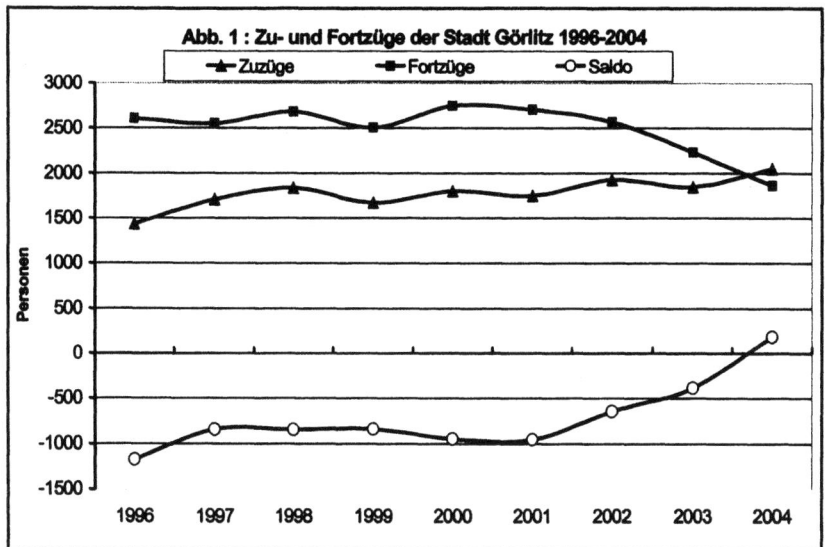

Quelle: Kommunale Statistikstelle Görlitz

Im Gegensatz zu den 90er Jahren nimmt die Bevölkerung von Görlitz daher wesentlich langsamer und nur noch aus dem Defizit an Geburten gegenüber den Sterbefällen ab. Ganz offenbar wird die Stadt Görlitz heute in breiten Kreisen als attraktiver Wohnstandort wahrgenommen. Stellte man sich vor einigen Jahren häufig nur noch die Frage, wer der Letzte sei, der „das Licht ausmacht", so machen mittlerweile auch überregionale Printmedien auf das gewandelte Image der Stadt Görlitz aufmerksam, insbesondere im Hinblick darauf, dass Görlitz vor allem auch für ältere Zuwanderer als Ruhestandssitz, als Pensionopolis, anziehend wirkt.

Die ruhesitzorientierten Zuwanderer stammen dabei zunehmend aus weiter entfernt liegenden Regionen des Bundesgebietes (vgl. Abb. 2 nächste Seite), was ebenfalls den wachsenden Bekanntheitsgrad der Stadt Görlitz als „Pensionopolis" belegt.

71

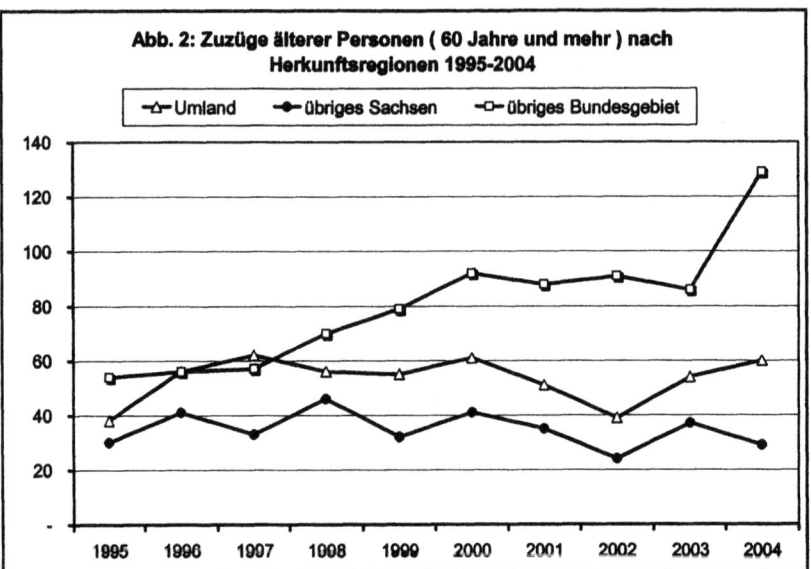

Abb. 2: Zuzüge älterer Personen (60 Jahre und mehr) nach Herkunftsregionen 1995-2004

Quelle: Statistisches Landesamt

Die genannten Tendenzen sind eher ungewöhnlich und keineswegs repräsentativ für das Wanderungsverhalten älterer Menschen in Deutschland. So zeigen einschlägige Untersuchungen, dass mit zunehmendem Alter die Wanderungsbeteiligung stark absinkt. Im Alter von 65 Jahren und mehr liegt im bundesdeutschen Durchschnitt die Migrationsrate um den Faktor 3 unter derjenigen der Gesamtbevölkerung. Zweitens liegt die Distanz zwischen Herkunfts- und Zielgebiet bei älteren Migranten zu zwei Dritteln unter 50 km.

Ältere Menschen verlassen in der Regel ihre vertrauten Wohnorte, um im Falle gesundheitlicher Beeinträchtigung Hilfe in der Nähe von bzw. bei Angehörigen oder in Heimen zu finden. Daher steigt die Wanderungsbeteiligung unter den Hochbetagten gegenüber der Gruppe der jüngeren Alten sogar wieder deutlich an. Die Zuwanderung älterer Menschen nach Görlitz unterscheidet sich ebenfalls in diesem Punkt, da in der Altersklasse der jungen Alten, der 51- bis 70jährigen, rund doppelt so viele Personen nach Görlitz ziehen als in der Gruppe ab 71 Jahren.

Schließlich gibt es noch einen weiteren Gesichtspunkt, bei dem sich die Görlitzer Zuwanderer vom bundesdeutschen Normalfall unterscheiden, nämlich in Bezug auf ihre Präferenz für die Kernstadt. Verzeichnen normalerweise besonders die Kernstädte negative Wanderungsraten bei älteren Personen, so orientieren sich die älteren Zuzügler nach Görlitz überwiegend auf die inneren Stadtteile, wie die Historische Altstadt, die Innenstadt und die Südstadt (vgl. Abb. 3).

72

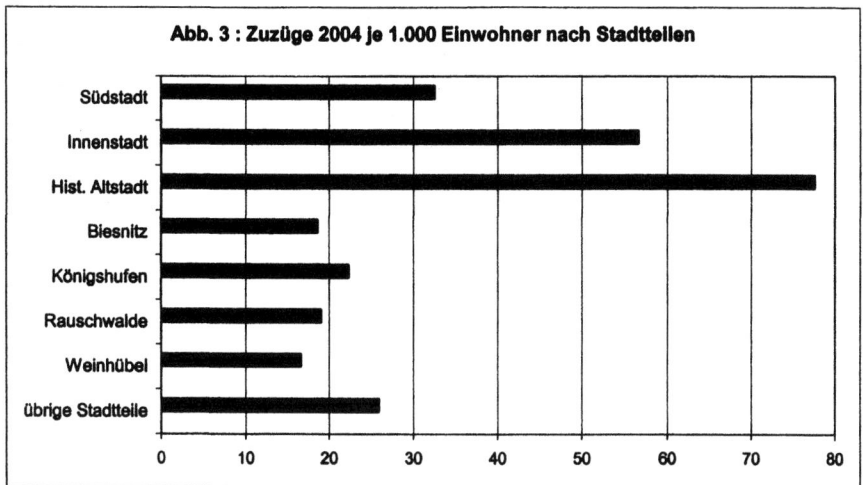

Abb. 3 : Zuzüge 2004 je 1.000 Einwohner nach Stadtteilen

Quelle: Kommunale Statistikstelle

Allerdings kommt es durch die Kernstadtorientierung der älteren Zuwanderer nicht, wie man vielleicht befürchten müsste, zu einer Verstärkung der Alterungstendenz in diesen Stadtteilen (vgl. Abb. 4).

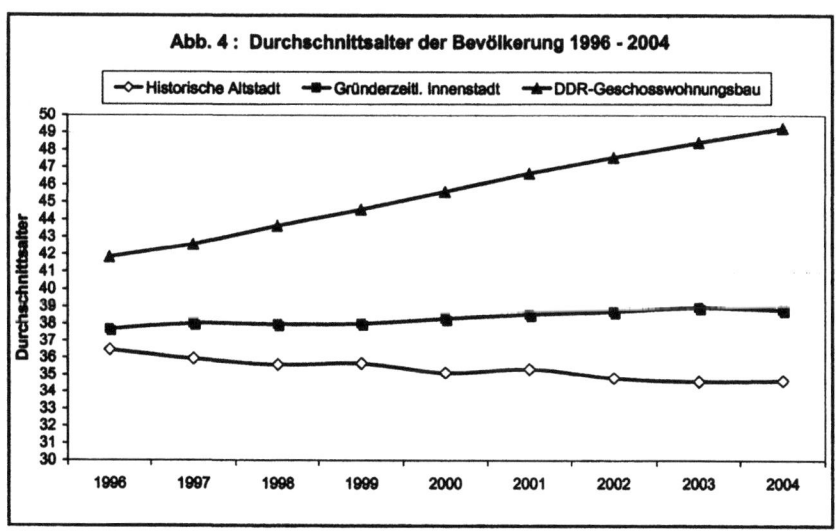

Abb. 4 : Durchschnittsalter der Bevölkerung 1996 - 2004

Quelle: Kommunale Statistikstelle

73

Trotz des allgemein vorhandenen Trends zur Alterung bleibt das Durchschnittsalter in den inneren Stadtteilen von Görlitz annähernd konstant, im Falle der Altstadt nimmt es sogar ab.

Das liegt einerseits daran, dass in den letzten Jahren nicht nur die Zuzüge älterer Menschen nach Görlitz zugenommen haben, sondern, etwas schwächer, auch die Zuzüge in den jüngeren Altersgruppen. Zum anderen präferieren die jüngeren Zuzügler sogar noch ausgeprägter als die älteren Zuwanderer die Kernstadt.

Pensionopolis als generationenübergreifende Stadt

Seit einiger Zeit beobachten wir in vielen Städten nicht nur die bekannten Segregationstendenzen nach sozialen Kriterien, sondern besonders vehement auch demographische Entmischungen im Stadtraum, mit Stadtteilen, die überwiegend jüngere Bewohner beherbergen und Stadtteilen, in denen fast nur noch ältere Menschen wohnen.

Der Zuzug sowohl von älteren als auch von jüngeren Menschen in die Kernstadt eröffnet demgegenüber die Chance, generationenübergreifende Strukturen in Görlitz zu bewahren und weiterzuentwickeln. Generationenübergreifende Stadtteile sind nicht nur von zentraler Bedeutung für ältere Menschen, sondern entsprechen auch den Anforderungen von Familien mit Kindern und anderen Gruppen. Der Anspruch der Stadtplanung an eine adäquate Nutzbarkeit der Stadträume für alle Altersgruppen soll dabei unter anderem eine stetige und damit effektive Auslastung der Versorgungs- und Infrastruktureinrichtungen gewährleisten, ebenso wie die gegenseitige Unterstützung und den Erfahrungsaustausch zwischen den Generationen ermöglichen. Denn viele Anforderungen älterer Menschen an den Städtebau sind deckungsgleich mit den Anforderungen an eine kinder- und familiengerechte Stadt. So orientiert sich die Stadtplanung in Görlitz an der Zielstellung einer „Stadt der kurzen Wege", was unter anderem die wohnortnahe Versorgung mit Infrastruktur und Einzelhandel, die zum Verweilen einladende Gestaltung öffentlicher Räume und die Stärkung des ÖPNV beinhaltet.

Der Vorrang der Innenstadtentwicklung vor der Außenentwicklung soll dabei die Attraktivität der Stadt insgesamt verbessern, denn die spezifischen Vorteile des städtischen Lebens können erst dann wirksam werden – auch in der Konkurrenz zu suburbanen, eher monofunktionalen Standorten – wenn eine Nutzungsvielfalt erhalten bleibt, die in enger Beziehung zu altersmäßig gemischten Bewohnerstrukturen steht. Diese Nutzungsvielfalt bzw. auch ihre unmittelbar fußläufige Erreichbarkeit sichert dem zentralen Wohnen einen entscheidenden Pluspunkt gegenüber peripheren Lagen und stellt, neben der besonderen baukulturellen Wertigkeit und der Schönheit der Kernstadt, eine entscheidende Voraussetzung für die wachsende Attraktivität der Stadt Görlitz auch für ältere Zuwanderer dar.

In unserem Verständnis sollte daher der Begriff der Pensionopolis in seiner Anwendung auf Görlitz nicht so verstanden werden, dass es hierbei nur um eine Stadtentwicklung von und für ausschließlich ältere Menschen geht, sondern dass ältere Zuwanderer und generell ältere Menschen ein wichtiger und willkommener Bestandteil der Görlitzer Bewohnerschaft darstellen. Mehr noch lässt sich argumentieren, dass es nur dann gelingen kann, jüngere Altersgruppen in wachsendem Maße an die Stadt zu binden, wenn auch mehr ältere Menschen die Stadt bewohnen. Dies gilt auch im umgekehrten Sinn. Befragungen zu den Wohnwünschen älterer Menschen zeigen regelmäßig, dass beispielsweise als „ideale Nachbarschaft" das altersgemischte Wohnumfeld mit jungen Familien, Kindern und älteren Leuten eindeutig bevorzugt wird.

Die Wechselbeziehung zwischen den Altersgruppen als Wirtschaftsfaktor

Zu den Vorteilen gemischter Altersstrukturen aus Bewohnersicht können ökonomisch wirksame Angebots- und Nachfragerelationen zwischen den älteren und jüngeren Teilen der Bevölkerung treten. Gerade im Falle einer Stadt wie Görlitz, die wie andere ostdeutsche Städte aufgrund von Deindustrialisierung und Deökonomisierung starke Beschäftigungsverluste erfahren hat, resultieren aus der spezifischen und aufgrund der Zuwanderung wachsenden Nachfrage älterer Menschen wichtige Einkommens- und Beschäftigungseffekte für die lokale Ökonomie, die sich unter günstigen Umständen sogar zu einem Schwungrad der Stadtentwicklung ausgestalten können.

In gewisser Hinsicht lassen sich die von der Zuwanderung Älterer ausgehenden ökonomischen Effekte mit der sogenannten Exportbasistheorie in Übereinstimmung bringen. Nach dieser ursprünglich auf den Industriesektor gemünzten Theorie bilden nur die für die Märkte außerhalb der Region produzierten Güter, also die „Exportgüter", die Basis für die wirtschaftliche Entwicklung einer Region oder Stadt, da sie Einkommen aus anderen Gebietsteilen in die Region ziehen, von denen dann wiederum Beschäftigungs- und weitere Multiplikatoreffekte ausgehen.

Zwar ist mit der Zuwanderung älterer Personen kein Güterexport verbunden, sehr wohl aber ein Import von außerhalb erworbenen Einkommen, die hier vor Ort Nachfrage generieren. In einer Situation, in der die lokale Ökonomie nicht ausreichend aus dem Export von Gütern leben kann und daher z.B. über eine hohe Arbeitslosigkeit verfügt, erscheinen diese mit der Wohnsitzverlagerung älterer Menschen nach Görlitz transferierten Einkommen für die wirtschaftliche Entwicklung unserer Stadt unverzichtbar. Die mit diesen Einkommen abgeglichene Nachfrage nach Gütern und Dienstleistungen sichert Beschäftigung und schafft zusätzliche Arbeitsplätze in den jüngeren bis mittleren Altersgruppen, was zumindest zum Teil auch die wachsenden Zuzüge jüngerer Menschen erklären kann.

Dabei beziehen auf die Nachfrage älterer Personen ausgerichtete Beschäftigte natürlich ihrerseits Einkommen, die sich nachfolgend in vor Ort wirksamer Nachfrage äußert.

Mit anderen Worten, durch den Zuzug älterer Menschen entsteht ein neuer lokaler Wirtschaftskreislauf. Die Bedeutung dieses Wirtschaftskreislaufs für die Görlitzer Wirtschaft lässt sich hier nicht exakt bestimmen. Allein die Tatsache, dass die Zuwanderer aus Regionen mit hohem Kaufkraftniveau stammen und über überdurchschnittliche und stabile Einkommen verfügen, lässt darauf schließen, dass deren Beitrag zur Diversifizierung der Wirtschaft und Entwicklung der Stadt Görlitz nicht außer Acht gelassen werden sollte, zumal auf diesem Sektor, im Gegensatz zu anderen Branchen, noch Steigerungen möglich sind. Es zeigt sich jedenfalls, auch unter einem primär stadtökonomischen Blickwinkel, dass eine Profilierung der Stadt Görlitz als Pensionopolis nicht zu den Lasten der jüngeren Generation geht, sondern ihr nützt.

Perspektiven der Pensionopolis Görlitz

Die künftige Entwicklung der Stadt Görlitz als Pensionopolis lässt sich nicht losgelöst vom gesamtgesellschaftlichen Trend zur Alterung und den Reaktionen darauf betrachten. Dabei kann man sich zurzeit noch des Eindrucks nicht erwehren, dass die Erfordernisse und die Möglichkeiten bei der Anpassung an dieses demographische Phänomen in den verschieden Bereichen der Wirtschaft und Gesellschaft allenfalls erst ansatzweise erkannt werden.

So unterscheidet beispielsweise die Werbebranche in ihren Marktanalysen oftmals immer noch sehr differenziert nach 3-Jahres-Altersklassen bei den unter 30-Jährigen, während die über 50-jährigen Konsumenten pauschal als eine Gruppe untersucht werden. Ein anderes Beispiel der verzögerten Reaktion auf die Alterung bzw. der Nichtbeachtung älterer Menschen ist die faktische Weigerung von Wirtschaftsbetrieben trotz Arbeitskräftebedarfs über 50-Jährige einzustellen.

Zwar sind altengerechte Konzepte und Modelle zum Teil bereits vorhanden, etwa beim Wohnen als Alternative zur „Normalwohnung" oder zum Altenheim. Allerdings lässt deren breite Durchsetzung am Markt noch auf sich warten. Ein anderes Beispiel für den Einzelhandel sind erste seniorengerechte Fachmärkte, die speziell auf die Bedürfnisse älterer Menschen zugeschnittene Waren anbieten.

Man wird davon ausgehen können, dass derartige, altenbezogene „Innovationen" künftig im Zuge des Wandels der Gesellschaft vermehrt angeboten und von den Menschen auch beansprucht werden und so zu einem Faktor der Stadtentwicklung avancieren.

Daher sollten sich auch die verschiedenen privaten und staatlichen Akteure, die an der Entwicklung der Stadt Görlitz teilhaben und diese beeinflussen, frühzeitig auf die mit dem Altern der Bevölkerung verbundenen Chancen einstellen und als durchaus zukunftsträchtigen Teil einer umfassenden Entwicklungsstrategie aktiv gestalten.

Im Sinne eines Experimentierfeldes Pensionopolis könnte hieraus der Stadt Görlitz möglicherweise sogar eine Vorreiterrolle in Bezug auf den Umgang mit dem Älterwerden der Gesellschaft erwachsen.

Prof. Dr.oec. habil. Gisela Thiele. Hochschule Zittau/Görlitz (FH), Fachbereich Sozialwesen

Pflegebedarfsprognose der Stadt Görlitz bis zum Jahr 2020

Prognóza potřeby pečovatelských služeb ve městě Görlitz do roku 2020

Vlivem postupujícího trendu stárnutí populace v Německu, Sasku a v našem městě se mění také požadavky kladené na systém sociálního zabezpečení. Podle předběžných statistických výpočtů se konkrétní potřeba v sektoru sociální péče v městě Görlitz do roku 2020 změní následujícím způsobem: Potřeba ambulantní péče se téměř zdvojnásobí (z 664 na 1080 potřebných osob), což znamená, že 5,8 % všech osob ve věku 60 a více let bude vyžadovat ambulantní péči. Dvanácti zařízeními denní stacionární péče v Görlitz je potřeba až do roku 2020 dostatečně pokryta. Potřeba krátkodobé stacionární péče poroste v závislosti na stoupající potřebě péče a postupné navyšování počtu míst je tedy nezbytné. Stupeň zabezpečení místy v domovech důchodců je formálně dostačující, v městských částech, které jsou ohroženy razantním stárnutím populace (Königshufen, Weinhübel), však musí být potřeba postupně vyrovnávána. Co se týče chráněného bydlení pro seniory, je nutno zvýšit počet míst na 28 bytů.

Prognoza wzrostu potrzeby opieki w mieście Görlitz do roku 2020

Postępujący proces starzenia się społeczeństwa w Niemczech, Saksonii, zwłaszcza w miastach, ma znaczny wpływ sytuację związaną z opieką, a także określa na podstawie wstępnych szacunkowych danych statystycznych konkretne potrzeby dla miasta Görlitz do roku 2020 w sposób następujący:

Potrzeba opieki ambulatoryjnej wzrośnie dwukrotnie z 664 do 1080 osób potrzebujących, co odpowiada zapotrzebowaniu w wysokości 5,8% wszystkich osób powyżej sześćdziesiętego roku życia. Zakres opieki dziennej w Görlitz (12 miejsc) będzie wystarczający do roku 2020 i później. Opieka kilkugodzinna wiąże się ze wzrostem zapotrzebowania, w związku z czym konieczne jest ciągłe dostosowywanie do potrzeb. Zapotrzebowanie na miejsca w domach opieki dla ludzi starszych jest formalnie pokryte. Niemniej jednak w dzielnicach takich jak Königshufen czy Weinhübel, gdzie odsetek zamieszkujących ludzi starszych jest wysoki, istnieje potrzeba wyrównania zapotrzebowania. Potrzeba stworzenia opieki dla ludzi starszych w ich domach istnieje w odniesieniu do 28 mieszkań.

---

1. Pflegebedarfsprognosen – Anliegen und Hintergründe

Prognosen beruhen auf einem einfachen Modell, in dem die heutigen Pflegequoten auf die veränderte Bevölkerungsstruktur in den Jahren 2020 übertragen werden.

Ihnen liegen zwei wesentliche Annahmen zu Grunde:

- Es wird ein Anstieg der Lebenserwartung unterstellt, wobei davon ausgegangen wird, dass die Lebenserwartung der im Jahr 2020 Geborenen um gut drei Jahre höher liegt als heute.

- Das derzeitige altersspezifische Pflegerisiko bleibt gleich, wobei dieses mit zunehmendem Lebensalter steigt, und mögliche gesundheitliche Veränderungen finden keine Berücksichtigung.

Da der Verlauf der maßgeblichen Einflussgrößen mit zunehmendem Abstand vom Basiszeitpunkt immer schwerer abschätzbar ist, hat die langfristige Betrachtung bis 2020 starken Modellcharakter. Insofern ist auch diese Pflegebedarfsprognose nur als Anhaltsgröße zu sehen, da die getroffenen Annahmen variieren können.

Um genaue regionale demographische Prognosen erstellen zu können, sind eine Reihe von wichtigen Indikatoren zu beachten:

1. Fertilität/Kinderzahl: Die Geburtenhäufigkeit einer Gesellschaft ist eng mit sozialen, wirtschaftlichen und kulturellen Gegebenheiten verbunden. Eine Bevölkerung kann bei gleich bleibender Lebenserwartung ihren Bestand nur stabil halten, wenn eine Frau im Schnitt 2,1 Kinder zur Welt bringt. Wenn die Fertilität über Jahrzehnte hinweg dauerhaft niedriger ist, gegenwärtig beträgt sie 1,3, kommt es zu einem so genannten „Umkippen der Bevölkerungspyramide" (Thiele 2001, S. 38).

2. Frauenanteil: Für die Reproduktion einer Gesellschaft spielt der Frauenanteil in der Bevölkerung eine entscheidende Rolle. Männer haben in strukturschwachen Gegenden bessere Chancen auf dem Arbeitsmarkt als Frauen. Deshalb wandern viele Frauen ab und für die nächste Generation fehlen potenzielle Mütter. Gegenden, die jungen Frauen gute wirtschaftliche Perspektiven bieten, profitieren von deren Zuzug. Selbst bei gleich bleibendem generativem Verhalten kann sich so ein Geburtenanstieg ergeben, wenn der Frauenanteil in der Bevölkerung hoch ist (vgl. Höpflinger 1997, S. 10).

3. Unter 20-Jährige: Eine ausgewogene Verteilung der Bevölkerung wird dann erreicht, wenn der Anteil der unter 20-Jährigen ca. 30% beträgt. 1954 war dies das letzte Mal in Deutschland der Fall. Heute reicht die Spanne von 16 % bis 29 % (GEO 5/2004, S. 19). Auf die Stadt Görlitz bezogen betrug der Anteil der unter 20-Jährigen 2003 18,4 %. Folgt man der Bevölkerungsprognose (Variante 1), wird sich dieser auf 14,1 % reduzieren.

4. RentnerInnen: Die Bevölkerungsgruppe der Rentner unterteilt sich in drei Kategorien. 1. Senioren: 65 bis 75 Jahre, 2. Betagte: 76 bis 85 Jahre, 3. Hochbetagte: 86 Jahre und älter. Die Gruppe der Rentner wächst mit steigender Lebenserwartung und dem Vorrücken geburtenstarker Jahrgänge ins Rentenalter. Von entscheidender Bedeutung ist das zahlenmäßige Verhältnis zwischen den Personen, die Altersrente beziehen und denen, die Beiträge in die Rentenkasse einzahlen. Die Gruppe der Hochbetagten ist vorwiegend weiblich und weist zudem ein hohes Maß an Hilfeabhängigkeit und Hilfsbedürftigkeit auf. Durch eine ungünstige Altersstruktur der Bevölkerung ergeben sich Zukunftsprobleme, da wenige Steuereinnahmen steigenden Pflegekosten gegenüberstehen.

5. Mortalität (Todesfälle): Die Zahl der Todesfälle hängt von der Altersverteilung der Bevölkerung und von der allgemeinen Lebenserwartung ab. Kommunen mit einem hohen Anteil Hochbetagter haben mit einer steigenden Mortalität zu rechnen Aus der Zahl der Geburten und der Todesfälle ergibt sich die natürliche Saldorate. Sie ergibt sich aus der jährlichen Differenz der Geburtenrate und den Sterbefällen/je 1000 Einwohner ohne Wanderungsbewegungen.

6. Migration (Wanderungsbewegung): Es wird betrachtet, inwieweit Menschen von Regionen angezogen werden oder diese verlassen. Weiterhin ist ausschlaggebend, welche Altersstruktur die wandernde Bevölkerung hat, beziehungsweise welche Wanderungsgründe maßgeblich sind. Denn Zu- oder Abwanderungsbewegungen beeinflussen nicht allein die Bevölkerungszahlen, sondern auch die soziale Zusammensetzung der Bewohner einer Region. Dies hat entscheidende Auswirkungen auf die demografische Entwicklung der betreffenden Gebiete (Höpflinger 1997, S. 11).

Die „Kommunale Pflegebedarfsprognose der Stadt Görlitz" wurde von einer studentischen Projektgruppe der Studienrichtung „Soziale Arbeit" der Hochschule Zittau/Görlitz (FH) in enger Zusammenarbeit mit dem Sozial- und Versicherungsamt, den Pflegekassen, ambulanten Diensten, den teilstationären und stationären Einrichtungen der Stadt Görlitz sowie dem Statistischen Landesamt Kamenz und den Mitarbeitern der Statistikstelle der Stadtverwaltung erstellt.

2. Bevölkerungsentwicklung der Kreisfreien Stadt Görlitz

Unter Berücksichtigung der genannten Indikatoren ergeben sich auf die Stadt Görlitz bezogen folgende zu kalkulierende Entwicklungen zur Erstellung der Pflegebedarfsprognose. Die zahlenmäßig stärkste Gruppe ist die der 60-Jährigen, wobei mit steigendem Lebensalter die Feminisierung zunimmt, d.h. Pflege in Görlitz wird ein eher weibliches Problem darstellen.

Was das natürliche Bevölkerungssaldo als Differenz zwischen Geburtenrate und Sterbefällen betrifft, existierte bereits 1956 ein Defizit von 22 Geburten. In den 80er Jahren pegelte sich der Mittelwert bei einem Geburtendefizit von 170 für die Stadt ein. Nach der deutschen Wiedervereinigung fiel das Defizit auf drastische -511 Geburten im Jahr 1991 und im Jahr 1992 sogar noch weiter auf -630 Geburten zurück. Erst 1997 nahm die Geburtenzahl wieder zu, und es ergab sich von 1997 bis 2001 ein durchschnittliches Geburtendefizit von rund -365 Personen. Hoffnungsvoll stimmt seit 2003 ein relativ ausgeglichenes natürliches Bevölkerungssaldo (Statistisches Landesamt des Freistaates Sachsen 2004).

Insgesamt ist die Bevölkerung von 1990 bis 1999 um 21,8 % gesunken, die von Sachsen um 8,7 %, ein Zeichen der allgemeinen Schrumpfung insbesondere ostdeutscher Mittelstädte. Im Jahr 2002 hatte Görlitz 59.300 Einwohner. Für das Prognosejahr 2020 wurden vom Statistischen Landesamt Kamenz durch eine Hochrechnung zwei unterschiedliche Varianten für die künftige Bevölkerungsentwicklung erstellt. Bei der ersten Variante wurde für das Jahr 2020 eine Bevölkerungszahl von 46.400 und für die Variante zwei von 44.800 Bürgern ermittelt. Für die Erstellung der Prognose verwenden wir auf Grund mehrerer positiver Entwicklungen die Variante eins.

Im Jahr 2002 lag das Durchschnittsalter in der Stadt Görlitz bei 44 Jahren, nach unserer Prognose wird es 2020 fast 51 Jahre betragen. Besonders herausragend ist der deutliche Rückgang der bis 20- bzw. der von 20- bis 55-Jährigen. Die Folge des Rückganges ist das Auflösen der hauptsächlich wirtschaftlich tragenden Bevölkerungsschicht (Statistisches Landesamt des Freistaates Sachsen. 2003, S. 18).

3. Feststellung von Pflegebedürftigkeit

3.1 Allgemeine Kriterien

„Eine Pflegebedürftigkeit liegt dann vor, wenn ein Mensch in seinen Lebensaktivitäten - für eine sichere Umgebung sorgen, kommunizieren, atmen, essen und trinken, ausscheiden, sich sauber halten und kleiden, die Körpertemperatur regulieren, sich bewegen, arbeiten und spielen, sich als Mann oder Frau fühlen und verhalten, schlafen, sterben - eingeschränkt ist." (Bundesvereinigung für Gesundheit e.V. 2005).

Pflegebedürftigkeit tritt demzufolge ein, wenn die selbständige Lebensführung im Bereich der personenbezogenen Verrichtungen (Pflegebedürftigkeit) und der hauswirtschaftlichen Verrichtungen (Hilfsbedürftigkeit) aufgrund von Krankheit oder Behinderung eingeschränkt oder unmöglich ist (Schimany 2003, S. 430). Zur Verwirklichung einer selbständigen Lebensführung müssen die typischen basalen Aktivitäten des alltäglichen Lebens (Bundesministerium für Familie,

Senioren, Frauen und Jugend 1997, S. 97) in ausreichendem Maße durchgeführt werden können. Häufig werden zur Bestimmung dieser Aktivitäten die ADL (activity-of-daily-living) Kriterien von Katz et al. aus dem Jahre 1963 herangezogen, die die Fähigkeiten, sich selbst an- und auszukleiden, selbst zu Bett zu gehen oder das Bett zu verlassen, selbst die Körperpflege zu übernehmen und sich zumindest innerhalb der Wohnung zu bewegen als Voraussetzung für selbständige Lebensführung festlegen. Seltener werden zusätzlich die IADL (instrumental-activity-of-daily-living) Kriterien, die auch komplexere instrumentelle und soziale Aktivitäten des Lebens, wie etwa die Kontaktaufnahme, einschließen, zu Grunde gelegt, da diese im Gegensatz zu den ADL Kriterien kultur-, zeit- und geschlechtsspezifischen Schwankungen und Unterschieden unterliegen (Shelkey/Wallace 1998).

Bei personenbezogenen Verrichtungen handelt es sich vor allem um Nahrungsaufnahme, Mobilität und Hygiene, hauswirtschaftliche Verrichtungen, alle zur Aufrechterhaltung eines Haushalts erforderlichen Aktivitäten wie z.B. Einkauf und Kleiderreinigung.

Die Hilfsbedürftigkeit ist dabei streng genommen nur die Folge der eigentlichen Pflegebedürftigkeit und daher auch komplementär, sie wird aber aufgrund dieser direkten Kausalität von der Begrifflichkeit der Pflegebedürftigkeit mit abgedeckt.

Pflegebedürftig im Sinne der gesetzlichen Pflegeversicherung ist gemäß § 14 Abs.1 SGB XI, wer wegen einer körperlichen, geistigen oder seelischen Krankheit oder Behinderung für die gewöhnlichen und regelmäßig wiederkehrenden Verrichtungen im Ablauf des täglichen Lebens auf Dauer, voraussichtlich mindestens sechs Monate, in erheblichem oder höherem Maße (§ 15) der Hilfe bedarf.

In Abgrenzung zur gesetzlichen Krankenversicherung und deren Leistungen ist der Personenkreis der Pflegebedürftigen auf diejenigen beschränkt, die prospektiv dauerhaft, d.h. konkret mindestens ein halbes Jahr einen Pflegebedarf aufweisen. Zur Anerkennung der Pflegebedürftigkeit muss weiterhin ein Mindestmaß an Hilfebedürftigkeit, der nicht unerheblich sein darf, gegeben sein. Um pflegebedürftig im Sinne der Pflegeversicherung zu sein, muss ein potentiell pflegebedürftiger Mensch mindestens 90 Minuten täglich der Hilfe bedürfen, wobei davon mindestens die Hälfte - also 45 Minuten und mehr - auf die Grundpflege entfallen muss, um als leistungsberechtigt anerkannt zu werden (Bundesministerium für Gesundheit und Soziale Sicherung 2003, S. 12).

Die Pflegebedürftigkeit und der Hilfebedarf werden durch den Medizinischen Dienst der Krankenkassen (MDK) geprüft, die Leistungen werden letztlich jedoch pauschalisiert gewährt. Dazu wird die Pflegebedürftigkeit in drei differenzierte Schweregrade, die den Pflegestufen entsprechen, eingeteilt.

Der Pflegestufe I für erheblich Pflegebedürftige werden Menschen zugeordnet, die für wenigstens zwei Verrichtungen aus einem oder mehreren Bereichen der personenbezogenen Verrichtungen mindestens einmal täglich und im Bereich der hauswirtschaftlichen Versorgung zusätzlich mehrfach wöchentlich der Hilfe bedürfen (§15 Abs.1 SGB XI).

Menschen, die im Bereich der personenbezogenen Verrichtungen für mindestens zwei Verrichtungen mindestens dreimal täglich und zusätzlich mehrfach wöchentlich im Bereich der hauswirtschaftlichen Versorgung der Hilfe bedürfen, werden der Pflegestufe II der Schwerpflegebedürftigen zugeordnet.

Wer täglich und ununterbrochen bei personenbezogenen Verrichtungen und zusätzlich mehrfach wöchentlich bei hauswirtschaftlichen Verrichtungen Hilfe benötigt, wird der Pflegestufe III der Schwerstpflegebedürftigen zugeordnet (ebd.).

Die Pflegekassen können in besonders gelagerten Einzelfällen zur Vermeidung von Härten Pflegebedürftige der Pflegestufe III als Härtefall anerkennen, wenn ein außergewöhnlich hoher Pflegeaufwand vorliegt, der das übliche Maß der Pflegestufe III weit übersteigt (Bundesministerium für Gesundheit und Soziale Sicherung 2003, S. 13).

3.2 Spezifische Entwicklung der Pflegebedürftigkeit in der Stadt Görlitz

Die Gesamtbevölkerung der Stadt Görlitz belief sich im Jahr 2005 auf 58.518 Personen, wovon 1986 572 männlichen und 1414 weiblichen Geschlechts pflegebedürftig waren. Die Pflegestufe I mit 953 Personen (269 männlich/684 weiblich) hat den größten Anteil. Auf die Pflegestufe II entfielen 730 Pflegebedürftige (222 männlich/508 weiblich) und auf die Stufe III 303 (81 männlich/222 weiblich). Von den Pflegebedürftigen der Stadt waren 356 unter 65-jährig und 1.630 über 65 Jahre.

Von den älteren Pflegebedürftigen waren 364 männlichen und 1266 weiblichen Geschlechts. Die Verteilung auf die einzelnen drei Pflegestufen nach Geschlecht beinhaltet: Pflegestufe I: 167 zu 607, Pflegestufe II: 150 zu 466 und Pflegestufe III: 47 zu 193 Frauen.

Laut letzter Prognose der Stadt, die bis 1998 erstellt wurde, nimmt die Gesamtbevölkerung von Görlitz stetig ab, wobei die Abnahme geringer ausgefallen ist als prognostiziert (2003: real 58.518/prognostiziert 53.700). Die Anzahl der Pflegebedürftigen insgesamt und in den einzelnen Pflegestufen sollte laut Prognose absolut gesehen konstant bleiben. Das würde im Verhältnis zur abnehmenden Gesamtbevölkerung einen prozentualen Anstieg bedeuten. Analog zur Entwicklung der Pflegebedürftigkeit absolut ergab sich prozentual mit Blick auf die abnehmende Gesamtbevölkerung von 1999 zu 2001 ein Anstieg und von 2001 2003 ein Absinken. In allen drei Jahren erhielten sowohl absolut als auch prozentual gesehen die meisten Pflegebedürftigen die Pflegestufe I, gefolgt von den Pflegestufen II und III.

Die Prognose von 1998 bestätigte sich für die Pflegestufe III. Innerhalb der Pflegestufe II gab es bei den absoluten Zahlen von 1999 zu 2001 einen leichten Abwärtstrend, der von 2001 zu 2003 deutlicher ausfiel. Prozentual gesehen blieb bei abnehmender Gesamtbevölkerung die Zahl der Pflegebedürftigen mit der Pflegestufe II von 1999 zu 2001 konstant und stieg von 2001 zu 2003 leicht an.

4. Pflegebedarf der Stadt Görlitz bis zum Jahr 2020

Die zunehmende Überalterung der Bevölkerung in Deutschland, Sachsen und in der Stadt wird Auswirkungen auf die Pflegesituation haben. Diese spiegelt sich allerdings in der Prognose in den Angaben zur Pflegeeinstufung nicht real wider, weil es sich dabei nur um eine Fortschreibung des Ist-Zustandes der Pflegesituation von 2003 auf die vom Statistischen Landesamt prognostizierten Bevölkerungsdaten handelt. Deshalb beruht die Interpretation der Daten auf von uns vermuteten Entwicklungen, die sich wie folgt gestalten könnten:

- Starke Zunahme des Anteils der 65-Jährigen und Älteren bei gleichzeitigem Rückgang der Bevölkerung - dennoch Erhöhung der Pflegebedürftigkeit

- Bezogen auf die Gesamtbevölkerung eine Verschiebung zu den Pflegestufen II und III, da die Lebenserwartung weiter ansteigen wird

- Relativ mehr Pflegebedürftige mit der Pflegestufe III, weil die Gruppe der Hochaltrigen ständig zunimmt - hier werden es besonders die Frauen sein

- Zukünftig größer werdender und kostenintensiverer Pflegeaufwand - bedeutet mehr Ausgaben für die Pflegekassen und steigende Kosten bei den Trägern von Pflegeeinrichtungen

- Verfügbarkeit von Familienmitgliedern für die Pflege wird weiter abnehmen

- Umdenken in der gesamten Gesellschaft nötig - ambulant vor stationär

- Eintritt von Pflegebedürftigkeit im Lebenslauf weiter hinausschieben bzw. deren Ausmaße mildern - veränderte Einstellung gegenüber Alten, die es ermöglicht, selbst ältere Menschen noch zu fordern und zu fördern.

Das Jahr 2005 wird Veränderungen insbesondere für die stationären Altenpflegeeinrichtungen mit sich bringen. Mit dem 1.1.2005 wurde das SGB XII eingeführt. Voraussichtlich ab dem 1.7.2007 werden die Aufgaben der Pflegeversicherung auf die gesetzlichen Krankenversicherungen übertragen. Insgesamt geht es im SGB XII um die Pauschalisierung der Pflege nach dem Geldleistungsprinzip.

Aufgrund der steigenden Pflegebedürftigkeit und der damit verbundenen Ausgabenüberschüsse der Pflegeversicherung seit 1999 (Bundesministerium für Gesundheit und Soziale Sicherung 2004, S. 51 ff) ist ein dringender Reformbedarf der Pflegeversicherung geboten. Hierzu hat die Bundesministerin für Gesundheit und Soziale Sicherung 2002 eine „Kommission für die Nachhaltigkeit in der Finanzierung der Sozialen Sicherungssysteme" (auch bekannt unter „Rürup-Kommission"), gebildet. Von dieser wurde im Juni 2003 ein „Gesamtkonzept zur Reform der sozialen Pflegeversicherung" herausgegeben.

Die Arbeitsgruppe sieht im Trend zu einer immer stärkeren Inanspruchnahme von professionellen Pflegeleistungen einen dringenden Handlungsbedarf. Allerdings hat sie berechtigte Zweifel an der Notwendigkeit von Heimpflege in der Pflegestufe I, auch wenn ein Anstieg der Pflegebedürftigen mit Pflegestufe I in der stationären Altenhilfe zu verzeichnen ist. Begründet sieht dies die Kommission in den deutlich höheren Beträgen für die stationäre Pflege in den Pflegestufen I und II gegenüber der ambulanten Pflege. Diese würden einen wesentlichen Anreiz zur Pflege im Heim darstellen.

Aus diesem Grund spricht sich die Arbeitsgemeinschaft Pflegeversicherung für eine Angleichung der Beträge in der ambulanten und stationären Pflege aus, wodurch stationäre Pflegeeinrichtungen erhebliche finanzielle Einbußen in der ersten und zweiten Pflegestufe hinnehmen müssten. Selbstverständlich wird diese Entwicklung auch Auswirkungen auf die Sozialhilfeträger haben, weil die Konsequenz davon ein Kostenanstieg in der Sozialhilfe sein dürfte. Die ambulanten Pflegeeinrichtungen würden hingegen in allen drei Pflegestufen von einer Anhebung des Beitrages profitieren. Die Herabsetzung des Betrages der Pflegestufe III für die stationäre Pflege sieht die Kommission als unrechtmäßig, da nicht davon ausgegangen werden kann, dass die Rate der stationären Unterbringung zugunsten der qualitätsgesicherten ambulanten Versorgungsrate gesenkt werden kann. Außerdem wird der Betrag für die Pflegestufe III angehoben, um den zu erwartenden Kostenerhöhungen Rechnung zu tragen. Der konkrete Bedarf für die Stadt Görlitz bis zum Jahr 2020 wird aus Vorausberechnungen wie folgt aussehen:

- Die ambulante Pflege wird sich fast verdoppeln, von 664 auf 1080 pflegebedürftige Personen, das entspricht einer Pflegebedürftigkeit von 5,8 % aller über 60-Jährigen.

- Die Tagespflege in Görlitz (12 Plätze) ist bis über 2020 ausreichend.

- Die Kurzzeitpflegeplätze sind mit dem Anstieg der Pflegebedürftigkeit gekoppelt - stetige Angleichung ist erforderlich.

- Der Versorgungsgrad an Altenheimpflegeplätzen in den einzelnen Stadtteilen ist mit der Bevölkerungsentwicklung nicht kongruent, in überalterungsgefährdeten Stadtteilen - Königshufen und Weinhübel - gibt es zu geringe Angebote.

- Der Bedarf an Altenpflegeheimplätzen ist formal gedeckt, die Auslastung beträgt 97%, 35 Anträge sind noch offen.

- Fast 2% aller über 60-Jährigen leben zur Zeit in Görlitz im Betreuten Wohnen, das entspricht in absoluten Zahlen 325 Einwohner von ca. 17.707 Einwohnern über 60 Jahren, ein zusätzlicher Bedarf von 28 Wohnungen ist erforderlich.

Literaturverzeichnis

Höpflinger, F. (1997): Bevölkerungssoziologie. Weinheim und München

Klie, T. (1995): Pflegeversicherung: Einführung, Lexikon, Gesetzestexte SGB XI, Nebengesetze, Materialien. (2. Aufl.). Hannover

Schimany, P. (2003): Die Alterung der Gesellschaft. Ursachen und Folgen des demographischen Umbruchs. Frankfurt/New York

Shelkey, M./Wallace, M. 1998: Katz Index of Independence in Activities of Daily Living (ADL). In: Hartford Institute for Geriatric Nursing (Hrsg.) Try this: Best Practices in Nursing Care to Older Adults. Verfügbar unter: www.hartfordign. org/publications/trythis/issue02.pdf

Staatsministerium für Soziales (2004): Sächsischer Seniorenbericht. Dresden

Stadtverwaltung Görlitz/Kommunale Statistikstelle (2003): Statistisches Jahrbuch 2003. Stadtverwaltung Görlitz/Zentrale Kopierstelle

Statistisches Landesamt des Freistaates Sachsen (2003): Regionalisierte Bevölkerungsprognose für den Freistaat Sachsen bis 2020. Kamenz

Statistisches Landesamt des Freistaates Sachsen (2004): Statistisches Jahrbuch 2003. Dresden

Sozialgesetzbuch SGB (2002): Sozialgesetzbuch XI. (29. Auflage) München

Sozialgesetzbuch (2004), 31.Auflage. München

Thiele, G. (2001): Soziale Arbeit mit Alten Menschen. Grundwissen für Studium und Praxis. Köln

Thiele, G. (2005): Pflegebedarfsprognose der Stadt Görlitz bis 2020

Eveline Hempel, Geschäftsführerin der Volkssolidarität Kreisverband Görlitz/ Zittau e.v.

Ein Modellprojekt der Volkssolidarität Görlitz: „Ambulant betreute Wohngemeinschaft für Demenzkranke"

Modelový projekt Lidové solidarity (poskytovatel sociálních služeb): Chráněné bydlení pro lidi trpící demencí

Otevřením chráněného bydlení pro lidi trpící demencí umožnilo sdružení Lidová solidarita Görlitz/Zittau i takto postiženým seniorům využít alternativní formy bydlení, která bude udávat směr i do budoucna. Naši klienti, pacienti s demencí, mohou vést nadále samostatný život a zachovají si své právo na sebeurčení. K základním postojům našich spolupracovníků patří akceptování, porozumění a emocionální podpora. Naším cílem je především zajištění příjemného každodenního života našich klientů a zabezpečení optimální péče. Součástí našeho programu je také integrace rodinných příslušníků, s nimiž se dělíme o jejich zodpovědnost. Současně pečujeme o vztah našich klientů k jejich rodinám. Naši spolupracovníci jsou vysoce motivovaní absolventi kvalitních škol. Díky jejich nadprůměrné angažovanosti se nám daří vytvářet pro klienty chráněné životní prostředí. Naším cílem je zajistit pro obyvatele našeho chráněného bydlení maximální kvalitu života a zpřístupnit tak lidem trpícím demencí nové životní možnosti a formy bydlení.

Model projektu ośrodka opieki społecznej w Görlitz: Ambulatoryjny ośrodek pobytu dla chorych na demencję

Stowarzyszenie „Volkssolidarität Görlitz/Zittau" („Solidarność Społeczna") stworzyło ambulatoryjny projekt wspólnoty mieszkaniowej w Görlitz dla ludzi chorych na demencję. Jest to prekursorski projekt przyszłościowy będący alternatywną formą mieszkaniową mającą na celu wzajemne wsparcie i funkcjonowanie w życiu. Chorzy na demencję otrzymują tym samym szansę życiową, a także możliwość uczenia się samodzielności i decydowania o sobie.

Postawa współpracowników nacechowana jest akceptacją, zrozumieniem i więziami emocjonalnymi w stosunku do mieszkańców wspólnoty. Na pierwszym planie znajduje się organizowanie dnia codziennego, wdrażanie się w jego rytm i uczenie się samodzielności. Mimo to istnieje też potrzeba optymalnej opieki nad mieszkańcami. Ważnym punktem programu jest integracja krewnych i integracja krewnych i rodziny, podział odpowiedzialności, a jednocześnie utrzymanie i pielęgnowanie kontaktów z rodziną. Opiekunowie zajmujące się chorymi to osoby posiadające motywację do tej działalności, dobrze wykształcone, w pełni zaangażowane, umiejące stworzyć dla nowych mieszkańców miejsce, gdzie czują się oni bezpieczni i mają swoisty azyl. Celem naszym jest, aby mieszkańcy naszego wspólnego domu doświadczali w nim jak najwięcej dobrego i korzystali z rzeczy pozytywnych jakie daje nam życie. I właśnie poprzez nasz projekt chcemy osiągnąć te cele oferując im nową formę życia, mieszkania i funkcjonowania w życiu.

So normal wie möglich in familiärer Atmosphäre

In Deutschland leiden eine Million Menschen an einer Demenz-Erkrankung. Bis 2040 werden doppelt so viele Betroffene erwartet.

„Individualität und Würde trotz Angewiesenheit auf fremde Hilfe."

Dieser (nicht immer explizit geäußerte) Wunsch aller Pflegebedürftigen liegt unserem Konzept zugrunde. Die ambulant betreute Wohngemeinschaft für demziell erkrankte Menschen im Haus der Volkssolidarität Görlitz/Zittau e.V. auf der Pomologischen Gartenstraße 6 in Görlitz.

Philosophie

Die Volkssolidarität ist eine Gemeinschaft für und von Menschen, die Solidarität brauchen und Solidarität geben. Wir bieten Wärme und Geborgenheit und bringen unsere fast 60-jährigen Traditionen in die Zukunftsgestaltung ein. Ehrenamtliche und hauptamtliche Mitarbeiter wirken gemeinsam für soziale Gerechtigkeit und ein sinnerfülltes Dasein in der Gemeinschaft.

Uns verbindet der gemeinsame Anspruch, Jedem – unabhängig von seiner sozialen Stellung, der persönlichen Situation und seinem Alter – ein menschenwürdiges Leben zu ermöglichen. Dabei sind uns Werte wie Vertrauen, Hilfsbereitschaft, Verlässlichkeit und Solidarität wichtig und bewahrenswert. Als das Besondere in der Volkssolidarität werden Aktivität und Lebensfreude in der Gemeinschaft für ein selbstbestimmtes Altern erlebt.

Wir sind offen für Menschen aller Generationen, die unsere Anliegen und Werte mittragen. Unsere Gesellschaft muss sich in allen Lebensbereichen auf die wachsende Zahl Älterer einstellen. Auch deshalb sind ein neues Bild des Alters und ein neuer Umgang mit dem Alter erforderlich. Mehr als 90 % unserer älteren Mitbürgerinnen und Mitbürger führen ihr Leben selbständig und wollen diesen Zustand auch so lange wie möglich beibehalten. Dem zeitgemäßen Ver-

ständnis von Lebensqualität entspricht dabei eine möglichst individuell zugeschnittene, in der vertrauten Wohnumgebung geleistete Hilfe oftmals eher als
ein Wechsel in eine stationäre Einrichtung. Das gilt auch für demenziell erkrankte ältere Menschen. So hat sich die ambulante Betreuung Demenzkranker
in Wohngemeinschaften als eine interessante Alternative zur stationären Betreuung erwiesen.

Wohngemeinschaften! Sie erfüllen wie keine andere Wohn- und Betreuungs-
form die Prinzipien und Grundsätze unserer Sozialgesetzgebung:

- Normalität, das heißt orientiert an den Lebensverhältnissen des Durchschnitts
  der Bevölkerung

- Integration im Gemeinwesen, Partizipation der Betroffenen

- Individualität, Kontinuität der Lebensführung

Die Betreuung und Versorgung innerhalb der Wohngemeinschaft ist geleitet
vom Hauptaspekt, Selbständigkeit und Selbstbestimmung der älteren Menschen
mit Demenz durch Alltagsorientierung zu erhalten. Das bekannte Umfeld und
die Häuslichkeit bieten gerade verwirrten Menschen den nötigen Halt und Orientierung, um möglichst lange selbständig leben zu können. Aus diesem Grund
wollen wir die Wohngemeinschaft mit einem häuslichen Charakter anbieten.
Das Konzept der Wohngemeinschaft soll hier den pflegenden Angehörigen eine
Alternative bieten, die Pflege abzugeben und die demenziell Erkrankten dennoch in einer häuslichen Umgebung versorgt zu wissen. Auf diesen genannten
Grundlagen wurde unser Konzept der ambulant betreuten Wohngemeinschaft
entwickelt.

Zielsetzung

Unser Haus soll ein Ort der Gemeinschaft für Menschen mit Demenz werden, in
dem nicht die pflegerische Versorgung, sondern das Gelingen des Alltags im
Vordergrund steht.

Das Konzept der Wohngemeinschaft ist geleitet vom Ziel, älteren Menschen mit
Demenz ihr Leben so selbständig wie möglich in einer familiären Atmosphäre
zu ermöglichen. Wichtig dabei ist, die Kompetenzen der Älteren wieder zu be-
leben und ihnen somit die Gelegenheit zu bieten, sich an der Gestaltung des täglichen Lebens abhängig von ihren Interessen und Bedürfnissen zu beteiligen.
Die Alltagsgestaltung soll dabei orientiert an den Bedürfnissen und Bekanntem
(eigene Möbel, Erinnerungsstücke, bekannte Musik, bekannte Gerüche usw.)
eine Orientierungshilfe bieten.

Ein weiterer Eckstein ist die Integration Angehöriger (bzw. dem Bewohner nahe
stehender Personen) in den Betreuungsalltag. Ziel ist es, die Beziehungen zwischen Angehörigen und Bewohnern zu erhalten und zu fördern, den Angehöri-

gen aber gleichzeitig den Druck, der durch die alleinige Pflege eines Angehörigen entsteht, zu nehmen. Die Wohngemeinschaft bietet hierfür die erforderlichen Strukturen, es soll die Angehörigen von der Sorge, nicht aber von der Für-
sorge befreien. Angehörige sind angehalten, im Rahmen ihrer eigenen Möglichkeiten und Motivation Aktivitäten zu übernehmen, die ihnen liegen und die sie
mit einem oder mehreren Bewohnern durchführen können, z.b. kochen, backen,
sich unterhalten, spazieren gehen etc.

Grundlegend für uns ist dabei die Lebensgeschichte der Bewohner. Die Biogra-
fie und Gewohnheiten des Einzelnen stehen bei der Begleitung, Betreuung und
Pflege im Mittelpunkt. Oberstes Ziel unserer Wohngemeinschaft ist es, ein Ma-
ximum an Lebensqualität für Menschen mit Demenz-Erkrankung zu erreichen.

Zielgruppen und Personalkonzept

Die Wohngemeinschaft ist für acht demenziell erkrankte und pflegebedürftige
Menschen konzipiert. Eine Wohngemeinschaft mit demenzkranken Menschen
bedarf in der Regel einer Betreuung rund um die Uhr. Die Grundhaltung gegenüber den Bewohnern erfordert Akzeptanz, Verständnis und emotionale Zuwendung. Darüber hinaus sind Organisationsvermögen, praktische Fähigkeiten in
der Haushaltsführung, aber auch Fähigkeiten zur Förderung der sozialen Beziehungen notwendig.

Im Team werden junge und ältere Mitarbeiter als Alltagsbetreuer/innen tätig
sein. Sie werden die BewohnerInnen im Alltag begleiten, betreuen und pflegen,
entsprechend den jeweiligen Bedürfnissen. Abhängig von der Stufe der Demenz
werden diese Bedürfnisse unterschiedlich sein. Um eine Teamarbeit zu gewähren, bedarf es einer Gleichberechtigung aller. So ist Jede/r – ganz gleich welcher
Qualifikation – über alle Vorgänge informiert und einbezogen.

Da das Gros der geforderten Leistungen des eingesetzten Personals erfahrungs-
gemäß im Bereich der Grundpflege, der Hauswirtschaft und der Beschäftigung
liegen, werden diese durch die Alltagsbetreuer/innen aus dem Team geleistet.
Die Qualifikation unserer Alltagsbetreuer/innen sind Altenpfleger/innen, Fami-
lienpfleger/innen, Fachhauswirtschafter/innen und Pflegehilfskräfte. Nur bei erforderlichen Behandlungspflegen werden Pflegefachkräfte der Sozialstation eingesetzt. Ein den Bewohnern und ihrer eingeschränkten Alltagskompetenz angemessener Personalmix wird von uns angestrebt, unsere Planung:

Frühdienst:

07.00 – 14.00 Uhr Alltagsbetreuer/innen; Mitarbeiter/innen im

08.00 – 15.00 Uhr Freiwilligen Sozialen Jahr; Praktikant/innen

08.00 – 15.00 Uhr zusätzliche Hilfe aus Angehörigen-, Freiwilligen-Arbeit

Spätdienst:

13.00 – 20.00 Uhr   Alltagsbetreuer/innen;Mitarbeiter/innen im

14.00 – 21.00 Uhr   Freiwilligen Sozialen Jahr; Praktikant/innen

Nachtdienst:

20.00 – 08.00 Uhr Nachtwache

Leistungen

Unsere Wohngemeinschaft bietet ihren Bewohnern einen geschützten Lebensraum, in dem sie ihren Bedürfnissen und Fähigkeiten entsprechend ihren Alltag so selbständig wie möglich gestalten:

- Anspruchsvoller Neubau mit besonderer Architektur (Atrium)
- Hauswirtschaftliche und pflegerische Betreuungsleistungen
- Eigenes Ein-Zimmer-Appartement, das individuell eingerichtet werden kann
- An Fähigkeiten und Bedürfnissen jedes Einzelnen angepasste Aktivitäten wie
- Musik, Spaziergänge, Animation des Geistes und Förderung der Sprache
- Guter Personalschlüssel
- Kompetentes Personal hinsichtlich des Krankheitsbildes Demenz

Alltagsgestaltung

„Die beste Therapie ist der Alltag"

In unserer Wohngemeinschaft soll den Bewohnern trotz ihrer psychischen und physischen Einschränkungen die Möglichkeit gegeben werden, weiterhin aktiv leben zu können. Deshalb gehört das zentrale Augenmerk den gemeinsamen häuslichen Tätigkeiten, wie Kochen, Essen und Kommunikation. Je nach Fähigkeiten werden die BewohnerInnen an den täglichen Verrichtungen beteiligt. Dabei werden die individuellen Lebensrhythmen der BewohnerInnen berücksichtigt, und Unruhezustände werden eingegrenzt. So werden z.B. beim Frühstück und Abendbrot individuelle Lebens- und Schlafgewohnheiten berücksichtigt. Das Mittagessen dagegen soll gemeinsam und zu einer festen Zeit eingenommen werden. Tätigkeiten werden somit auf die Gewohnheiten und Bedürfnisse der BewohnerInnen abgestimmt.

Das Zentrum des Alltagsgeschehens ist das Wohn- und Esszimmer mit der Küche. Hier wird gekocht, erzählt, beobachtet, gelacht, diskutiert, gesungen, ferngesehen und gelebt, dort findet man immer GesprächspartnerInnen. Da der Wunsch nach Kontakt und Zuwendung stets vorhanden ist und es hier auch immer etwas zu sehen und zu hören gibt, haben die BewohnerInnen selten das Bedürfnis, sich in ihre Zimmer zurückzuziehen. Trotzdem bietet das eigene Zimmer zu jeder Tageszeit eine Rückzugsmöglichkeit.

Hier wird Raum zum eigenen Umgestalten und zum Abschalten geboten. Der geplante Personalschlüssel sichert tagsüber eine doppelte Besetzung. So ist immer ein(e) Mitarbeiter(in) „frei" für Aktivitäten außerhalb der Wohngemeinschaft, wie Einkaufen, Spazieren gehen u. v. m. Diese Aktivitäten werden meist mit BewohnerInnen unternommen. Durch die Nachtwache innerhalb der Wohngemeinschaft haben auch „Nachtschwärmer" jederzeit die Möglichkeit, einen Ansprechpartner zu finden.

Ein Ziel ist es, Angehörige systematisch einzubeziehen, aber auch das Engagement von bereiten Bürgern zu nutzen. Wir wissen, dass die Bereitschaft, Verantwortung zu übernehmen, gerade bei Angehörigen von Demenzkranken hoch ist. So erleben die BewohnerInnen der Wohngemeinschaft einen ganz normalen Alltag, wie er ihnen seit Kindheit vertraut ist, und nehmen mit allen Sinnen und Handlungsmöglichkeiten daran teil. Keiner muss, Jeder kann sich daran beteiligen. Auch die BewohnerInnen, die sich nicht mehr aktiv am Geschehen beteiligen, sondern vielleicht stumm in einem Sessel sitzen wollen, nehmen die Geräusche, Gerüche und Bewegungen eines lebendigen häuslichen Alltags wahr und erhalten dadurch die Möglichkeit, sich als Teil eines vertrauten, sinnvollen Gesamtzusammenhangs zu erleben.

Bauliche Gestaltung und Planung

Die Architektur orientiert sich an normalen Wohnverhältnissen, die zusätzlich auf die Bedürfnisse und Fähigkeiten der BewohnerInnen abgestimmt werden können (z.B. Mitbringen und Einrichten mit eigenen Möbeln). Für die Wohngemeinschaft erfolgte ein Hausneubau auf dem Gelände der Pomologischen Gartenstraße. Der Neubau ist in das Gelände der Seniorenwohnanlage mit der Sozialstation und der Kurzzeitpflege eingebunden. Für die Wohngemeinschaft entsteht ein Gemeinschaftsbereich, bestehend aus einem Wohn- und Küchenbereich und einem Atrium. Die Gemeinschaftsräume (Wohn- und Küchenbereich), die bewusst offen gestaltet sind, um Möglichkeiten zur Kommunikation zu gewähren, werden durch den Träger eingerichtet und mit Einzelstücken der Bewohner ergänzt. Das gesamte Haus ist rollstuhlgerecht gestaltet. Des Weiteren gibt es ein Pflegebad und einen Wirtschaftsraum. Den Bezug zur Natur bildet das im Mittelpunkt unseres Hauses liegende Atrium. Es ist von allen Bewohnern ohne Hilfe jederzeit zugänglich. Die Gesamtfläche des Neubaus beträgt 400 m² mit acht Ein–Zimmer–Appartements, bestehend aus Wohn- und Schlafraum und einem Sanitärbereich mit Dusche und WC. Die Größe der Einheit liegt zwischen 20 bis 22 m². Die Einzelräume haben eine Größe zwischen 15 und 17 m². Dazu gehört außerdem ein Sanitärbereich mit Dusche und WC.

Finanzierung

Die Kosten für die BewohnerInnen setzen sich monatlich wie folgt zusammen:

- Mietkosten

- Mietnebenkosten

- Haushaltsgeld

- Festbetrag für die Betreuung und den 24-Stunden-Service

Die Miet- und Nebenkosten für die Gemeinschaftsflächen werden anteilig auf die BewohnerInnen umgelegt.

Vorteile

- Ein Leben in einer möglichst normalen und wohnlichen Atmosphäre wird ermöglicht, und eine Betreuung bis zum Lebensende wird in der Regel gewährleistet. Eine Heimunterbringung wird vermieden.

- Kleine Wohngemeinschaft mit familiärem Charakter, damit wird zum einen auf das Bedürfnis nach Gemeinschaft und zum anderen auf die individuellen und besonderen Bedürfnisse der Bewohner reagiert.

- Im Mittelpunkt steht der gelingende Alltag, das gemeinsame Haushalten, also das Miteinander, aber möglichst selbst bestimmtes Wohnen. (Eine medizinisch–pflegerische Sichtweise steht nicht im Vordergrund.)

- Prävention durch optimalen Erhalt der alltäglichen Kompetenzen der demenziell erkrankten Menschen - Ziel ist es, dass vorhandene Fähigkeiten erhalten und genutzt werden und Tendenzen wie Rückzug, Apathie und Depressionen vermieden werden.

- Durch die lebensgeschichtliche Verbindung der Bewohner spielen Angehörige in ihrer Mitverantwortung und freiwillig Engagierte für die Qualität und Funktionsfähigkeit eine zentrale Rolle. Eine Vermeidung von Überforderung der pflegenden Angehörigen wird erreicht.

- Im Mittelpunkt steht die Biographiearbeit, die Bewohner werden in der Welt angesprochen, in der sie leben.

- Die architektonische Berücksichtigung der Bedürfnisse – das Zentrum des Wohnens bilden die Küche und der sich anschließende Gemeinschaftsbereich als Lebensmittelpunkt.

- Ein „geschützter Außenbereich" ist ein wesentlicher Bestandteil der Lebenswelt Demenzkranker, in unserem Fall wird es ein geschlossenes Atrium sein.

Dr. Bernhard Wachtarz, Amtsarzt; M. A. Steffi Weise, Leiterin Sozialmedizinischer Dienst, Stadtverwaltung Görlitz, Gesundheitsamt

Konzeptioneller Entwurf für das Gerontopsychiatrische Kompetenzzentrum Dr. Karl Ludwig Kahlbaum

Koncepční návrh Gerontopsychiatrického kompetenčního centra Dr. Karla Ludwiga Kahlbauma

Reformní psychiatr Dr. Karl Ludwig Kahlbaum, který v 19. století působil ve městě Görlitz, patřil k zakladatelům tradice hledání nových metod léčení pacientů trpících psychickými poruchami. Základem konceptu plánovaného Gerontopsychiatrického kompetenčního centra Dr. Karla Ludwiga Kahlbauma je krátkodobá stacionární péče o osoby trpící demencí a také o jejich rodinné příslušníky. Cílem léčebného procesu je zprostředkování kompetencí potřebných pro lepší soužití pacientů s demencí a jejich rodin.

Szkic koncepcji Gerontopsychiatrycznego Centrum Kompetencji im. dr. Karla Ludwiga Kahlbauma

Dr. Karl Ludwig Kahlbaum uważany jest za jednego z reformatorów psychiatrii XIX wieku, który działał i pracował w Görlitz. Nawiązując do jego tradycji w Centrum wdrożone mają być nowe metody leczenia dla ludzi psychicznie chorych. Głównym założeniem koncepcji planowanego Gerontopsychiatrycznego Centrum Kompetencji im. dr. Karla Ludwiga Kahlbauma jest czasowa opieka stacjonarna oraz obecność przy ludziach chorych na demencję i ich członkach rodziny, co ma im umożliwić lepsze sprawienie się z chorobą po leczeniu szpitalnym w warunkach domowych przy jednoczesnym korzystaniu z doraźnej pomocy ambulatoryjnej.

Geprägt durch den langfristigen Bevölkerungsrückgang und durch die zunehmende Alterung der Bevölkerung, auch weit über Deutschland hinaus, erweist sich der demographische Wandel als eine der größten Herausforderungen unserer Zeit. Eine zunehmende Hochaltrigkeit und Pflegebedürftigkeit sowie die relativ kurze Verweildauer und steigende Anzahl dementiell erkrankter Bewohner charakterisieren zum einen die aktuelle Situation in stationären Pflegeeinrichtungen und zeigen zum anderen die notwendig werdenden Veränderungen innerhalb der Pflegekonzeptionen.

Vor dem Hintergrund steigender Kosten in der stationären Pflege setzt sich das Konzept des hier vorzustellenden Gerontopsychiatrischen Kompetenzzentrums Dr. Karl Ludwig Kahlbaum mit der Frage auseinander, ob die Versorgungsstrukturen für pflegebedürftige Menschen vielfältiger gestaltet werden müssen, um den Bedürfnissen und Wünschen älter werdender Menschen gerecht zu werden. Mit Blick auf die demographische Entwicklung in Deutschland, Polen und Tschechien wird besonders auf die Betreuungs- und Versorgungsmöglichkeiten von Menschen mit Demenz geachtet.

Anhand der Prognose der künftigen Bevölkerungsentwicklung zeigt sich, dass sich das zahlenmäßige Verhältnis der jüngeren zur älteren Generation drastisch zugunsten der Anzahl älterer Menschen ändern wird. Dieser demographische Wandel geht einher mit einem gesellschaftlichen und familiären Wandel. Wie können einerseits die Angehörigen unterstützt, motiviert und entlastet werden, und wie gehen wir damit um, wenn die familiäre Unterstützung im Alter abnimmt? Auch die Tatsache, dass nicht unbedingt die Kernfamilie die primäre Hilfeinstanz aufgrund räumlicher Veränderungen darstellt, muss in Erwägung gezogen werden. Bürgerschaftliches Engagement muss gestärkt werden, indem bundesrechtliche Rahmenbedingungen geschaffen werden.

Jeder Mensch, ob jung oder alt, hat einen Anspruch auf ein würdiges, selbstbestimmtes und von Normalität geprägtes Leben in identifizierbaren Räumen, zu denen man sich zugehörig fühlt und die einem vertraut sind. Die Normalität des alltäglichen Lebens erfährt anhand bestimmter Lebenserfahrungen und -erwartungen eine Akzentuierung, die sich auch in der Wahl des Wohnens niederschlägt. Selbstständigkeit und Eigenverantwortung gehören bei älteren Menschen bis ins hohe Alter zu den wichtigsten Bedürfnissen, selbst wenn Hilfe, Betreuung oder Pflege notwendig werden.

Um auf die demographische Alterung der Gesellschaft und den sich wandelnden Pflegebedarf adäquat reagieren zu können, bedarf es einer personellen, strukturellen, fachlichen und konzeptionellen Weiterentwicklung in der Altenbetreuung. Diesen Anforderungen will das Kompetenzzentrum Dr. Karl Ludwig Kahlbaum unter Gewährleistung eines menschenwürdigen Daseins und durch einen Abbau von Separation und Desintegration gerecht werden.

Wir leben in einer alternden Gesellschaft. Zusätzlich ist sie durch anhaltenden Bevölkerungsverlust gekennzeichnet. Ursache ist nach wie vor das Geburtendefizit, das Älterwerden der geburtenstarken Jahrgänge und natürlich der Anstieg der Lebenserwartung.

Wie auch in den anderen Bundesländern verläuft der demographische Wandel in Sachsen regional sehr unterschiedlich. Mit Ausnahme der kreisfreien Städte Leipzig und Dresden ist in fast allen sächsischen Regionen ein Bevölkerungsrückgang zu erwarten, wobei die kreisfreie Stadt Hoyerswerda den stärksten Verlust zu verzeichnen hat. Auch wohnen in Sachsen im Vergleich zu den anderen neuen Bundesländern die wenigsten jungen und die meisten älteren Bürger. Seit 1990 stieg die Anzahl der Personen von 65 und mehr Jahren auf 12,6 %. Bis 2020 ist ein weiterer Anstieg dieser Bevölkerungsgruppe um über 24 % zu erwarten (vgl. Freistaat Sachsen – Staatsministerium für Soziales 2004, S. 22 – 25).

Eine weitere wichtige Veränderung im Altersaufbau zeigt sich in der stark zunehmenden Zahl der Hochaltrigen. In der Gerontologie werden die „jungen Alten" (sogenanntes drittes Lebensalter) von den „alten Alten" (sogenanntes viertes Lebensalter) – den Hochaltrigen - unterschieden. Unter Hochaltrigkeit wird im Allgemeinen die Altersgruppe der über 80-Jährigen verstanden.

Der Übergang in diese Altersphase vom dritten ins vierte Lebensalter lässt sich am deutlichsten am Anstieg der Multimorbidität und der zunehmenden Hilfs- und Pflegebedürftigkeit ablesen. Aufgrund des medizinischen Fortschritts erreichen immer mehr Menschen dieses vierte Lebensalter, jedoch unterscheiden sie sich erheblich in ihren physischen, psychischen, alltagspraktischen, kognitiven und sozialen Kompetenzen, so dass auch hier eine differenzierende Sicht erforderlich ist. Abschließend lässt sich eindeutig sagen, dass das Erreichen der Hochaltrigkeit somit eher zur Regel wird, als dass es die Ausnahme darstellt (vgl. Freistaat Sachsen – Staatsministerium für Soziales 2003, S. 22 – 25). Der demographische Wandel vollzieht sich in Polen und Tschechien ähnlich wie in Deutschland.

Die Versorgung der hohen und fortwährend wachsenden Zahl von Demenz erkrankten älteren Menschen stellt eines der größten sozial- und gesundheitspolitischen Probleme dar, was durch die Alterung der Bevölkerung aufgeworfen wird. Die Krankenzahl wird weltweit gegenwärtig auf 25 Millionen geschätzt. Bis zum Jahr 2050 lassen erste Prognosen einen steilen Anstieg auf 114 Millionen erwarten. Davon werden besonders die weniger entwickelten Länder betroffen sein, welche noch am Beginn des Alterungsprozesses stehen (vgl. Wallesch & Fröstl, 2005, S. 1).

Die Demenz in Deutschland steigt stetig an. Mittlerweile sind in der Altersgruppe der 65- bis 69-Jährigen mehr als 1 % der Gesamtbevölkerung betroffen. Bei den über 90-Jährigen ist sogar ein Drittel betroffen. 190.000 Menschen erkranken jedes Jahr neu an der Altersdemenz. Doch das ist wahrscheinlich nur die Untergrenze. Professoren und Ärzte gehen davon aus, dass es jährlich weit mehr als 200.000 Neuerkrankungen sind (vgl. Wallesch & Föstl, 2005, S. 3 - 5). Ökonomische Belastungen durch Demenzerkrankungen finden international eine sehr große Beachtung. Die hohe Zahl der Erkrankten und der dadurch entstehende permanente Betreuungsbedarf machen die Demenz zu einer der teuersten Krankheitsgruppen. Aufgrund der stark zunehmenden Krankenzahlen tritt eine enorme Kostensteigerung ein. Der Krankenbestand wird bis 2050 in Deutschland auf weit über 2 Mio. anwachsen. Die Neuerkrankungen steigen Jahr für Jahr um etwa 23.000. Die Gesamtzahl der Kranken wird am Ende des Jahrzehntes bei etwa 250.000 Menschen mehr liegen als vor dem Jahrzehnt. Familien und soziale Sicherungssysteme stehen vor steigenden Herausforderungen (vgl. Wallesch & Föstl, 2005, S. 12).

Das deutsche Gesundheitssystem befindet sich durch zahlreiche Reformen in einem extremen Umbruch. Der Wandel der Altersstruktur führt zu grundlegenden gesellschaftlichen Änderungen. Das Alter unterliegt vielen Schattierungen und wird oft politisch kontrovers diskutiert. Bezüglich des Kostenfaktors wird es häufig mit Belastung und Last in Zusammenhang gebracht. Die Herausforderung und Chance, die auch das Alter bieten könnte wird häufig verkannt. Daraus resultieren oft Ängste der Betroffenen und die Bevölkerung wird in Bezug auf die alternde Gesellschaft verunsichert.

Tiefgreifende gesellschaftliche Veränderungen werden in den nächsten Jahrzehnten folgen. Die Institutionstypen der Altenhilfe waren bisher nur sehr einseitig auf den Pflegebedarf ausgerichtet. Außerdem müssen zukünftig spezifische Personengruppen berücksichtigt werden. Speziell hier kommt die Betreuung und Versorgung von Menschen mit dementiellen Erkrankungen hinzu. Mit dieser Problemstellung will sich das Kompetenzzentrum Dr. Karl Ludwig Kahlbaum beschäftigen. Fachgremien und die politische Ebene müssen prioritär ganzheitliche Konzepte fördern, unterstützen und umsetzen, um nicht nur den Betroffenen oder Pflegefall im Mittelpunkt zu sehen, sondern die gesamten Schnittstellen einzubeziehen. Die Bildung sozialer Netzwerke und die Abstimmung vorhandener Angebote, Leistungen und Dienste sind dabei wesentlich zu bearbeiten.

Das Qualitätsmanagement sollte wichtiges Markenzeichen aller Betreiber und Anbieter sein. Dabei sind auch gleiche Qualitätskriterien im europäischen Raum zu gestalten. Der Stellenwert des Qualitätsgedankens im Gesundheitswesen hat sich durch wirtschaftliche Ressourcen und den politisch gewollten Wettbewerb als auch durch gesetzgeberische Aktivitäten deutlich erhöht. Es wird sich zukünftig kein Dienstleister dem Spannungsfeld zwischen Preis und Qualität entziehen können. Stärker als bisher wird zukünftig die Qualität der Leistung sein müssen. Auf dem Weg zu angemessenen Lösungen sind zunächst Projekte mit Erprobungscharakter hilfreich. Das Kompetenzzentrum Dr. Karl Ludwig Kahlbaum versteht sich als ein solches Projekt.

Das Konzept für das Kompetenzzentrum Dr. Karl Ludwig Kahlbaum stellt den Gedanken einer neuen Kultur im Umgang mit Demenzkranken in den Vordergrund. Es werden Ursachen aufgezeigt, warum Veränderungen notwendig sind und am Beispiel der Komplexität des Zentrums begründet, dass eine grenzüberschreitende und sektorübergreifende Versorgung zukunftsträchtig ist. Die Vorteile gegenüber Mitbewerbern sollten in profunder Qualität, besserer Infrastruk-

tur - die Liegenschaft mit großem Gartenareal als Filetstück muss adäquat ver-
marktet werden - in einem niedrigschwelligen Klientenzugang, differenzierter
Bedarfsorientierung, höherer Fachlichkeit und nicht zuletzt im freundlichen Personal liegen, in dem Deutsch, Polnisch und Tschechisch gesprochen werden
sollte.

Die Stadt Görlitz beabsichtigt die Errichtung eines Gerontopsychiatrischen
Kompetenzzentrums in Gedenken an einen der bedeutendsten Psychiater des 19.
Jahrhunderts, Dr. Karl Ludwig Kahlbaum. Das Zentrum soll an seinem historischen Standort in den Gebäuden der einstigen Kahlbaum-Klinik etabliert werden, die bisher vom städtischen Klinikum genutzt wurde.

Dr. Karl Ludwig Kahlbaum wurde im Jahre 1828 in der Neumark geboren. Im
Oktober 1866 folgte er dem Angebot des Nervenarztes und damaligen Besitzers
der Görlitzer Privat-Nerven-Heilanstalt, Dr. H. A. Reimer, bei ihm als zweiter
Arzt zu arbeiten. Kurze Zeit später übernahm Dr. Kahlbaum die psychiatrische
Heilanstalt selbst und begann, diese nach seinen Vorstellungen und Ideen umzu-
gestalten und auszubauen. Seine Ansichten waren zukunftsweisend und haben
selbst heutzutage nichts von ihrer Aktualität verloren. So sprach sich Kahlbaum
entschieden gegen die damals übliche Behandlung mit körperlichen Zwangsmit-
teln in psychiatrischen Anstalten aus. Soziale Aspekte wurden berücksichtigt,
sein Anliegen bestand darin, die bestehende Isolierung der psychisch Kranken
von der Umwelt zu überwinden.

Durch Kahlbaums Behandlungskonzepte wie therapeutische Gemeinschaft, Ar-
beitstherapie, Beschäftigungstherapie und Milieugestaltung wurde er als Mitbe-
gründer der Soziotherapie bekannt. Er gilt als früher Wegbereiter der Gemein-
depsychiatrie.

Die Zahl der Demenzerkrankten in Deutschland steigt rasant an. Die daraus
wachsenden Gesundheitsprobleme werden immer komplexer und erfordern mul-
tiprofessionelle Versorgungskonzepte. Es ist eine „Neue Kultur" des Umgangs
mit Dementen erforderlich.

Die „Neue Kultur" sieht die Demenz nicht als einseitigen Abbau-Prozess. Neue
Ansätze werden eingebracht, wie beispielsweise das sozial-psychologische Umfeld des Erkrankten, die Art der Kommunikation und Interaktion, sowie das Milieu. Es geht folglich um den Menschen mit Demenz und seiner einzigartigen
Persönlichkeit mit all ihren Bedürfnissen sowie um Begleitung, Betreuung, Zuwendung und Miteinander. In der personenzentrierten Pflege ist ein besonderer
Schwerpunkt die Einbeziehung der Angehörigen. So werden deren Kompetenzen im Umgang mit dem Menschen mit Demenz entscheidend gestärkt, damit
ein Leben außerhalb des Zentrums (wieder) möglich wird. Menschen wünschen
sich trotz ihrer Demenz eine hohe Lebensqualität. Um diese zu fördern und zu

unterstützen, muss eine Einrichtung für Menschen mit Demenz neue ganzheitliche Kommunikationsstrukturen in den Vordergrund stellen. Fokussiert werden dabei Kooperation, Gleichberechtigung und Verhandlung. Care- und Casemanagement sowie personenzentrierte Pflege stellen Kernelemente dar.

Die wichtigsten Funktionseinheiten des Gerontopsychiatrischen Kompetenzzentrums Dr. Karl Ludwig Kahlbaum sollen die Gerontopsychiatrische Rehabilitationsklinik, die Tagesklinik, das Pflegeheim, die Ambulante Geriatrie, die Physikalische Therapie, das Informationszentrum für Betroffene, Angehörige und die Öffentlichkeit, die Fort- und Weiterbildungsstätte, die Wissenschaft und Forschung, Hotel/Küche/Speisesaal sowie der Betriebskindergarten und moderne Betriebswohnungen bilden.

Der Wiederaufbau der historischen Bausubstanz bei gleichzeitiger Berücksichtigung der Bedürfnisse einer modernen Rehabilitationsklinik ermöglicht die Verwirklichung eines besonderen: Raumkonzepts, das einen „Garten der Sinne" mit therapeutischer Funktion beinhalten soll. Das Gelände mit seinen Grünflächen und Gebäuden unterliegt einer einheitlichen Gliederung, welche die Orientierung für alle Nutzer erleichtert. Rückzugsmöglichkeiten mit Sitz- und Beobachtungsnischen sind wichtige Elemente.

Für Patienten mit stationärem Aufenthalt in der Rehabilitationsklinik sind die Basisdiagnostik und das Erstellen eines Zukunftsplanes bei biographietherapeutischer, ressourcenorientierter Einbettung der Behandlung Schwerpunkte. Bei der Entlassung in das häusliche Milieu ist die Vermittlung einer ambulanten Fortführung der begonnenen Maßnahmen unter fachlicher Führung das angestrebte Ziel. Für Angehörige besteht die Möglichkeit, das interne Hotel zu nutzen. Informationsvermittlung, Check-up für die Hauptpflegeperson, Gruppenarbeit, Angehörigenseminare/Schulungen gehören zu den Angeboten wie auch Wellness- und Erholungsangebote. Für Mitarbeiterinnen soll ein Betriebskindergarten Entlastung für Schicht- und Wochenendarbeit erbringen. Der Kontakt der Dementen zu den Kindern kann förderlich sein.

Ziel des Konzeptes ist es, das Risiko einer langwierigen stationären Versorgung von Demenzkranken zu reduzieren. Im Mittelpunkt der Behandlung steht die demenzkranke Person, deren Fähigkeiten erhalten und (weiter-)entwickelt werden sollen.

Oft sind die Angehörigen der Dementen von der Krankheit mit betroffen. Da sich die betreuenden Angehörigen häufig überfordert fühlen und sich Unterstützung wünschen, stellt die Zusammenarbeit mit den Angehörigen einen großen Schwerpunkt im Rehabilitationsverlauf dar.

Das Gerontopsychiatrische Kompetenzzentrum Dr. Karl Ludwig Kahlbaum will dem demenzkranken Mensch und seinen Angehörigen eine fachliche Begleitung und Betreuung bieten sowie zum Gelingen der Verständigung zwischen demenzkrankem Mensch und seinen Angehörigen beitragen. Im Mittelpunkt stehen deshalb gemeinsame Begegnung, gemeinsame Kommunikation und gemeinsames Lernen.

Einzelne Angebote sollen sein:

Individuelle Beratung

- Psychoedukation: der Patient und dessen Angehörige werden über die jeweilige Krankheit und ihre Behandlung informiert, es wird das Krankheitsverständnis gefördert und Unterstützung bei der Krankheitsbewältigung gegeben
- Kommunikationstraining zwischen dem Dementen und seinen Angehörigen
- emotional entlastende Gespräche
- Lernen, miteinander im Alltag verständnisvoll umzugehen
- individuelle Überprüfung der Alltagsfähigkeiten des Betroffenen
- intensive Vorbereitung auf die Zeit nach der Entlassung, Beantwortung der Fragen:
- Wie kann der Alltag zu Hause sinnvoll gestaltet werden?
- Wie kann praktische Unterstützung durch die Angehörigen konkret aussehen?
- Hilfestellung in Notsituationen
- Weitergeben von pflegepraktischen Tipps
- Vermittlung an kompetente Ansprechpartner im Heimatort

Selbsthilfeangebote & Schulung

- Fachliche Schulungen und Informationsveranstaltungen für Angehörige und Interessierte; Vermittlung von Selbsthilfekontakten

Hotel

- Unterkunft für Angehörige während der Behandlung im Hotel des Demenzzentrums mit Wellness- und Erholungsangeboten.

Urlaube

- Betreute Urlaube für Betroffene und Angehörige, insbesondere für die Erholung der Angehörigen

Patienten- und Angehörigensouveränität sollen im Zentrum der Betreuung liegen. Die Bildung eines internationalen Teams unter Einschluss aller modernen medizinischen, psychologischen und sozialen Erkenntnisse für den Umgang mit der Demenz wird angestrebt.

Etwa 100 bis 150 neue Arbeitsplätze sollen in diesem Zentrum entstehen. Besonderer Augenmerk gilt der Verflechtung und Verknüpfung des Lebensweges älterer dementer und jüngerer Bürger. Eine solche Begegnung soll ein struktureller Bestandteil des Behandlungskonzeptes werden und die Jugend für die Lebensphase des Höheren Alters sensibilisieren. Denn was ist kulturell wertvoller als die optimale Sorge der Gesellschaft für ihre dementen Mitglieder, wenn jeder Mensch in seinem Leben den Weg in die Demenz gehen kann?

Literaturverzeichnis

Freistaat Sachsen – Sächsisches Staatsministerium für Soziales: Sächsischer Seniorenbericht, Referat Presse- und Öffentlichkeitsarbeit. Dresden: Formulardruck GmbH, 2004

Wallesch, Claus-Werner/Fröstl, Hans (Hrsg.): Demenzen. Stuttgart: Georg Thieme Verlag, 2005

Prof. Dr. phil. Norbert Zillich, Hochschule Zittau/Görlitz (FH), Dekan Fachbereich Sozialwesen
Der Master-Weiterbildungsstudiengang Soziale Gerontologie an der Hochschule Zittau/Görlitz

---

Magisterský nadstavbový studijní obor Sociální gerontologie na Vysoké škole Zittau/Görlitz

Vysoká škola Zittau/Görlitz plánuje zavedení magisterského studijního oboru Sociální gerontologie v zimním semestru 2007/08. Tento studijní obor je určen zájemcům s ukončeným bakalářským vzděláním, jakož i zájemcům s dvouletou praxí v oboru péče o seniory či v jiném příbuzném oboru. Jedná se o dvouapůlleté (pětisemestrální) studium při zaměstnání. Vyučovací řečí je němčina. Poměr osobní účasti a samostudia se bude pohybovat kolem 1:4,5 při celkovém objemu studijního nasazení (Workload) 2700 hodin. V rámci studijního oboru musí studenti dosáhnout devadesáti stanovených kreditů. Ke studiu bude v rámci jednoho semestru přijato 30 studentů a studijní poplatek se bude pohybovat v rozmezí 800 až 1200 Eur za semestr. Tento studijní obor byl akreditován 16.2.2006 akreditační agenturou AHPGS Freiburg. Studium bude ukončeno dosažením akademického titulu „Master of Arts". Předpokladem pro otevření studijního oboru je získání nadační profesury ze sponzorských finančních prostředků.

Podyplomowy kierunek studiów magisterskich w Szkole Wyższej Zittau/ Görlitz – gerontologia społeczna

Szkoła Wyższa Zittau/Görlitz nosi się z zamiarem wprowadzenia od semestru zimowego 2007/2008 nowego kierunku studiów. Będzie to podyplomowy kierunek magisterski – gerontologia społeczna. Kierunkiem chcemy zainteresować absolwentów szkół wyższych z dyplomem licencjata uprawniającym do wykonywania zawodu oraz wykazujących się dwuletnim stażem zawodowym w zakresie opieki nad osobami starszymi lub w zawodzie o podobnym profilu. Studia trwają 5 semestrów (2,5 roku) równolegle do pracy zawodowej. Językiem wykładowym jest niemiecki. Zakładając nakład pracy studenta (workload) wynoszący ogółem 2700 godzin, stosunek czasu obecności na zajęciach do przeznaczonego na samodzielną naukę wynosi około 1:4,5. Liczę punktów ECTS na tym kierunku studiów wynosi 90. W ramach jednego cyklu rekrutacyjnego jest otwarty dla 30 studiujących, którzy opłacł czesne w wysokości od 800 do 1200 euro za semester. Kierunek ten został akredytowany

16.02.2006 przez Agencję Akredytacyjną AHPGS we Fryburgu. Na zakończenie studiów uzyskuje się stopień „Master of Arts". Warunkiem wprowadzenia nowego kierunku jest uzyskanie środków na profesurę fundowaną z darowizn pochodzących od sponsorów.

Mit der Gemeinsamen Erklärung der Europäischen Bildungsminister vom 19. Juni 1999 in Bologna ist für die Mitgliedsländer der Europäischen Union das anglo-amerikanische Modell einer zweistufigen Hochschulbildung mit den berufsbefähigenden akademischen Abschlüssen des Bachelor und Master verbindlich geworden (http://www.bmbf.de/pub/bologna_deu.pdf). Für die deutschen Fachhochschulen - Universities of Applied Sciences - liegt in diesem Reformprozess, der bis 2010 beendet sein soll, eine große Chance, weil sie durch die Erlaubnis, Master-Studiengänge einführen zu dürfen, mit Universitäten gleichziehen und perspektivisch auch das Promotionsrecht erlangen können. Ob den Fachhochschulen eine Statusaufwertung und Angleichung an die Universitäten gelingen wird, hängt davon ab, wie sie diese Chance aufgreifen. Die deutschen Hochschulen unterliegen nicht nur durch die Bologna-Erklärung, sondern auch aufgrund hochschul-, haushalts- und besoldungsrechtlicher Neuerungen einem tief greifenden Wandel. Eine politisch gewollte Belebung der Konkurrenz zwischen Hochschulen unter Einbeziehung Markt orientierter Steuerungselemente soll deren Qualität in Lehre, Forschung und Weiterbildung fördern. So gesehen kommt den folgenden Ausführungen der Charakter eines solitären Werkstattberichts in einem Hochschulstrukturreformprozess mit offenem Ausgang zu.

Motive und Hintergründe

Bereits recht früh gab es im Kollegium des Fachbereich Sozialwesen der Hochschule Zittau/Görlitz den Konsens, dass jenseits der notwendigen Modularisierung der bestehenden Studiengänge Soziale Arbeit, Heilpädagogik und Kommunikationspsychologie neben einem konsekutiven ein Master-Weiterbildungsstudiengang neu eingerichtet werden soll. Beweggründe stellten gute Erfahrungen mit einem berufsbegleitenden Studiengang Soziale Arbeit in den Jahren 1993 bis 2000 sowie eine professionspolitische Selbstverpflichtung dar: den bisherigen Diplom-AbsolventInnen (FH) sollte ein rascher Zugang in das neue zweistufige Hochschulsystem mit dem Erwerb des akademischen Grades eines Master und - nicht minder wesentlich - dem Zugang zum bisher verschlossenen Höheren Dienst ermöglicht werden. Der curricularen Entwicklung eines Master-Weiterbildungsstudienganges wurde vom Fachbereichsrat im Studienreformprozess Priorität eingeräumt.

Mit der Einrichtung eines spezialisierten Master-Weiterbildungsstudienganges ist unmittelbar eine mittel- bis langfristige fachliche Profilierung verbunden, die in einem Fachbereich breit getragen werden muss, wenn sie in Vorbereitung und Umsetzung erfolgreich sein will. Die Entscheidung für eine alter(n)swissenschaftliche Schwerpunktlegung fiel vor dem Hintergrund sich überschneidender kollegialer Aktivitäten, der Herausgabe eines Lehrbuches „Soziale Arbeit mit älteren Menschen" (Thiele 2001), der Durchführung eines Forschungsprojektes „Ältere und alte Frauen in der Grenzregion" (Steinert 2002 bis 2003), einer wissenschaftstheoretischen und disziplingeschichtlichen Auseinandersetzung mit der Gerontologie (Zillich 2002) sowie Zustimmung und Interesse weiterer HochschullehrerInnen, die nachfolgend ebenfalls vereinzelt zu Themen wie „Altenhilfeplanung" (Mertel 2004), „Kommunikationsstörungen im Pflegealltag stationärer Einrichtungen" (Thiele/Waldow 2004 bis 2006) oder „Multimorbidität im Alltag alter Menschen" (Wirsing 2005) tätig wurden. In der sächsischen Rektoren- und Dekanekonferenz der Fachbereiche Soziale Arbeit wurde parallel gesichert, dass keine inhaltsgleiche Studiengangsinitiative im Freistaat Sachsen geplant wird.

Neben der Gewähr eines Alleinstellungsmerkmals unter den Hochschulen im Freistaat Sachsen stellte sich von Anfang an die Notwendigkeit der wirtschaftlichen Absicherung des geplanten Master-Weiterbildungsstudienganges Soziale Gerontologie. Da die Hochschule für die Implementierung keine Ressourcen in Aussicht stellen konnte, galt es, nicht nur ein curriculares, sondern auch ein finanzielles Konzept unter Einbezug von Akkreditierungskostenübernahme, Sicherung des allgemeinen Studienbetriebs über Studiengebühren, Einwerbung einer Stiftungsprofessur zu entwickeln. Die damit verbundenen Risiken bündelten sich in der Ausgangsfrage, ob der geplante Studiengang langfristig bezogen auf Bedarf und Nachfrage zukunftsfähig ist. Dazu gibt es zwei Antworten: Vor dem Hintergrund der absehbaren demografischen Herausforderung mit einem zukünftig hohen Anteil älterer und alter Menschen werden hoch qualifizierte ExpertInnen für die menschenwürdige Bewältigung der erforderlichen gesellschaftlichen Umbauprozesse benötigt. Vor dem Hintergrund des aktuellen Postulats der Kostenreduktion im Gesundheitswesen und insbesondere in der Altenhilfe ist damit zu rechnen, dass AbsolventInnen des Weiterbildungsstudienganges Soziale Gerontologie ihren akademischen Master-Grad nicht durchgängig in entsprechende Beschäftigungsverhältnisse umsetzen können. Das Dilemma zwischen Fachlichkeit und Ökonomie lässt sich nicht auflösen. Nüchtern kalkuliert lohnt sich für eine Hochschule (Gefahr der Unterauslastung) und auch den Arbeitsmarkt (teure, hochqualifizierte Arbeitskräfte) die Einführung eines gerontologischen Studienganges nicht. Ideell haben Hochschulen einen gesellschafts- und bildungspolitischen Auftrag, den sie als Akteure in widersprüchlichen sozialen Prozessen mit nicht auszuschließenden Irrtumsmöglichkeiten wahrzunehmen haben.

(Soziale) Gerontologie als Wissenschaftsdisziplin

Die Gerontologie als Wissenschaft vom Alter und dem Altern hat sich neben den medizinischen Fakultäten als Weiterbildungsstudiengang vor allem an der Universität Erlangen-Nürnberg und der Universität Heidelberg primär psychologisch ausgerichtet, an der Universität Dortmund und der Gesamthochschule Kassel von der Soziologie ausgehend sowie in generalistischer Absicht an der Hochschule Vechta etabliert.

Wissenschaftstheoretisch kann die Gerontologie als multidisziplinäre Querschnittswissenschaft bezeichnet werden, in die grundsätzlich alle natur- und geisteswissenschaftliche Einzeldisziplinen eingehen können. Historisch hat das Fach in der Bundesrepublik zunächst die Medizin mit ihrem Teilgebiet der Geriatrie dominiert. Später haben dann aufeinander folgend Psychologie und Soziologie eigene Perspektiven entwickelt. Trotz gewisser Rivalisierung zwischen den mit Alter und Altern befassten Einzelwissenschaften besteht heute Konsens darüber, dass Gerontologie eine Integrationswissenschaft sein muss, die mittelfristig um Interdisziplinarität und langfristig um Transdisziplinarität bemüht sein muss (vgl. Karl 1999, S. 27-31).

Aufgrund der Tradition eines Reformstudienganges Soziale Arbeit in Görlitz - die Hochschule hat als erste bundesweit Professuren für Sozialarbeitswissenschaft ausgeschrieben - ordnet sich der vorzustellende curriculare Ansatz mit einer sozialarbeitswissenschaftlichen Fundierung in die gerontologische Fachdiskussion ein. Ausgangspunkt ist eine ethisch-sozialpolitische Verantwortung gegenüber alten Menschen. Die Studiengangsbezeichnung *Soziale* Gerontologie versucht das neben dem Verweis auf die sozial(arbeits)wissenschaftliche Grundlegung zum Ausdruck zu bringen. Grundlage der Betrachtung sind „biopsychosoziale Erfahrungen", die mit dem Alter und Altern verbunden sind, womit eine ganzheitliche Sicht angestrebt wird. Integrativ-interdisziplinär gesprochen geht es dabei - und das ist in gewisser Weise eine Definition - um die Zusammenführung von soziologisch-organisationszentrierten sowie psychologisch-interventionsorientierten Inhalten unter Einbezug von gesundheitswissenschaftlichen Themenstellungen. Forschungsorientiert und handlungspragmatisch ist das Curriculum im Kern um diese drei Bezugspole - „Organisationsprozesse", „Interventionsprozesse" und „Gesundheitsprozesse" - gruppiert. Mit dieser Vernetzung versucht es angemessene Vorschläge für strukturelle und personale Angebote in der Versorgung alter Menschen zu unterbreiten. Aus regionaler Perspektive sollen Gegebenheiten und Bedarfe strukturschwacher, ländlich-kleinstädtischer Gebiete unter Einbeziehung der grenznahen polnischen und tschechischen Landesteile in besonderer Weise im Mittelpunkt stehen, ohne mit dieser Schwerpunktsetzung einen allgemeinen sozialräumlichen Erörterungsauftrag preiszugeben. Das Curriculum versucht damit modellhaft und bewusst dem Standort der Hochschule Rechnung zu tragen und will auf diese Weise exemplarisch zum „Aufbau von Europa im Kleinen" beitragen.

Das curriculare Konzept

Im Einzelnen setzt sich das Curriculum aus elf Modulen zusammen, in denen sowohl fachliche Kompetenzen, wie zum Beispiel theoretische Reflexion oder forschungsmethodische Sicherheit, als auch fachunabhängige Kompetenzen, wie zum Beispiel Kooperations-, Planungs-, Entscheidungs- oder Präsentationstechniken, vermittelt werden sollen. Die Übersicht der Modulstruktur des Studienkonzeptes gestaltet sich wie folgt:

Grundlagenmodule	1. Gerontologische Theoriebildung
	2. Erforschung des Alter(n)s
Vertiefungsmodule	3. Soziale Differenzierung und Ungleichheit im Alter
	4. Versorgungsstrukturelle Rahmenbedingungen
	5. Gesundheitsförderung, Prävention und Reha- bilitation im Alter
Erweiterungsmodule	6. Interdisziplinäre Schnittstellen
	7. Transkulturelle demographische Alterung
	8. Lebensweltbezüge
Schwerpunktmodule	9. Professionelles Handeln in Organisations- und Interventionsprozessen
	10. Praxisforschung zu professionellem Handeln in Organisations- oder Interventionsprozessen
	11. Wissenschaftliche Praxis (Abschlussmodul - Masterarbeit)

Mit der Einteilung in Grundlagen-, Vertiefungs-, Erweiterungs- und Schwerpunktmodule verfügt das Curriculum über eine klare formale Orientierungsstruktur. Inhaltlich versucht es die Ebenen der Theoriebildung, der Forschungsorientierung und des Praxisbezuges ebenso systematisch zu erfassen. Modulaufbau und -abfolge im Studienverlauf von fünf Semestern zielen auf eine stetige Verselbständigung der Studierenden.

Als berufsbegleitendes Angebot dienen die ersten drei Semester einer theoretischen und forschungsmethodischen Grundlegung und Festigung. Im vierten Semester ist über die Durchführung einer thematisch von den Studierenden frei wählbaren Praxisprojektstudie eine begleitete Einübung in eigenständiges forscherisches Handeln vorgesehen, bevor im Abschlusssemester mit der Master-Arbeit in noch höherem Maße eine selbständige Orientierung bei der Bewältigung einer wissenschaftlichen Untersuchung gefordert wird.

Die folgende Auflistung beinhaltet sämtliche zu studierende Module und Modulbestandteile (Lehrveranstaltungen) im Görlitzer Master-Weiterbildungsstudiengang Soziale Gerontologie:

Modul-kenn-ziffer	Bezeichnungen der Module und Modulbestandteile im Görlitzer Master-Weiterbildungsstudiengang Soziale Gerontologie
1	*Gerontologische Theoriebildung*
1.1	Gegenstandsprobleme der Gerontologie
1.2	Medizin: Biologische Veränderungsprozesse
1.3	Psychologie: Identitätsentwicklung
1.4	Soziologie: Soziale Milieus, Lebenswelten und intergenerationelle Beziehungen
2	*Erforschung des Alter(n)s*
2.1	Quantitativ-empirische. Forschungsmethoden
2.2	Qualitativ-empirische Forschungsmethoden
2.3	Demographisch-epidemiologische Altersdatenanalyse
2.4	Rezeption u. Reflexion klassischer empirischer Altersstudien
3	*Soziale Differenzierung und Ungleichheit*
3.1	Sozioökonomische Bestimmungsdimensionen
3.2	Menschen-, Sozial-, Individualrechte
3.3	Soziale Integrations- und Marginalisierungsprozesse
3.4	Geschlechtsspezifische Lebenslagen und Lebensstile
4	*Versorgungsstrukturelle Rahmenbedingungen*
4.1	Institutionen u. Arbeitsfelder in der Altenarbeit
4.2	Alternative Versorgungsmodelle und –formen
4.3	Sozial-, Gesundheits- und Pflegepolitik
4.4	Altensozialplanung und –berichterstattung
5	*Gesundheitsförderung, Prävention und Rehabilitation*
5.1	Gesundheitsförderung im Alter
5.2	Gesundheitsorientierte Prävention im Alter
5.3	Rehabilitation im Alter
Modul kenn-ziffer	Bezeichnungen der Module und Modulbestandteile im Görlitzer Master-Weiterbildungsstudiengang Soziale Gerontologie, Fortsetzung
5.4	Zielgruppenspezifische Gesundheitsförderung, Prävention und Rehabilitation (z. B. Behinderte, Homosexuelle)
6	*Interdisziplinäre Schnittstellen*
6.1	Geriatrisch-gerontopsychiatrische Diagnosen
6.2	Akzeptanz und Bewältigung von Pflege
6.3	Altersgerechtes Bauen und Wohnen
6.4	Kommunikation, Vernetzung, Technik und Hilfsmittel
7	*Transkulturelle demographische Alterung*
7.1	Vergleichende historisch-kulturelle Alter(n)sanalysen
7.2	Alte Menschen in der Europäischen Gemeinschaft

Exemplarisch näher kommentiert werden lediglich die beiden Schwerpunktmodule 9 und 10 zu professionellem Handeln und Praxisforschung in Organisations- und Interventionsprozessen, weil sie den Kern eines integrativ-interdisziplinären Anspruches darstellen, den das Curriculum verfolgt.

Im Schwerpunkt-Modul 9 „Professionelles Handeln in Organisations- und Interventionsprozessen", basierend auf den bisher vermittelten Kenntnissen, wird mit den beiden Modulbestandteilen 9.1 „Organisationsanalyse, -entwicklung, -beratung" und 9.2 „Organisationsrechtliche und betriebswirtschaftliche Bestimmungsgrößen" der eher soziologisch-organisationszentrierte Theorierahmen aufgenommen, mit den Modulbestandteilen 9.3 „Allgemeine Interventionsmethoden in der Altenarbeit" und 9.4 „Verfahren für Diagnostik, Begutachtung und Hilfeplanung" die eher psychologisch-interventionsorientierten Fachinhalte.

In Modul 10 „Praxisforschung zu professionellem Handeln in Organisations- oder Interventionsprozessen" erfolgt zunächst eine praxistheoretische Feindifferenzierung. Die Studentinnen wählen einen Vertiefungsbereich, aus dem heraus sie das Thema für eine Praxisprojektstudie entwickeln müssen. Die Vertiefungsbereiche gliedern sich in folgende Modulbestandteile:

Der „Vertiefungsbereich Organisationsprozesse" 10.1. besteht aus den Modulbestandteilen 10.1.1. „Evaluationsforschung und Qualitätssicherung in Einrichtungen der Altenarbeit", 10.1.2 „Kommunikations-, Konflikt- und Informationsprozesse" sowie 10.1.3 „Leitungs- und Projektmanagement in der Altenarbeit". Der alternativ zu wählende „Vertiefungsbereich Interventionsprozesse" 10.2 ermöglicht die Beschäftigung mit den Modulbestandteilen 10.2.1 „Spezielle Interventionsmethoden für Erhalt und Aufbau kognitiv-sozialer Kompetenzen", 10.2.2 „Netzwerk-, Familien- und Angehörigen-orientiertes Unterstützungsmanagement" sowie 10.2.3 „Professionalität, Ehrenamt, Selbsthilfe und Arbeitsmarktprozesse".

Angeregt von der praxistheoretischen Feindifferenzierung gilt es für die Studierenden eine Praxisprojektstudie in einer Einrichtung der Altenhilfe zu planen, durchzuführen und auszuwerten. Eine Praxisprojektstudie kann beispielsweise eine Bedarfserhebung für eine Altenbegegnungsstätte unter solchen Senioren im geographischen Umfeld sein, welche die Altenbegegnungsstätte bisher nicht aufsuchen. Die Praxisprojektstudie wird von Dozenten begleitet durch eine Projektberatung 10.4, die zur Aufgabe hat, die Studierenden in der Bewältigung der Tücken von Praxisforschung zu unterstützen. Insgesamt streben die Module 9 und 10 an, den Erwerb von Kompetenzen wissenschaftlich-analytischer, konzeptioneller, forschungsmethodischer, berufspraktischer und kommunikativer Art bei den Studierenden zusammenzuführen.

Zugang und Rahmenstruktur

Der Master-Weiterbildungsstudiengang Soziale Gerontologie wendet sich an Interessierte mit einem ersten berufsqualifizierenden - Bachelor oder Diplom - Hochschulabschluss. Ferner ist für die Zulassung der Nachweis einer mindestens zweijährigen beruflichen Tätigkeit im Bereich der Altenhilfe/Altenarbeit oder in einem angrenzenden Berufsfeld im Umfang von mindestens der Hälfte der regelmäßigen Arbeitszeit erforderlich. Eine berufliche Tätigkeit im Bereich der Altenhilfe/Altenarbeit oder in einem angrenzenden Berufsfeld ist auch während des Studiums fortzusetzen, kann jedoch auch von einer ehrenamtlichen Tätigkeit, jedoch bindend im Bereich der Altenhilfe/Altenarbeit, im Umfang von mindestens 15 Wochenstunden ersetzt werden. Die Zugangskriterien sind einerseits anspruchsvoll, andererseits öffnend formuliert. Zwei Jahre einschlägige berufliche Erfahrung vor Aufnahme des Studiums zielen auf eine Homogenisierung der Studierendenzusammensetzung sowie die Schaffung einer Ausgangsbasis fachlicher Qualität. Zugang findet jedoch auch der Betriebswirt oder Architekt, die sich bisher in Wohnungsgesellschaft oder Konstruktionsbüro mit altengerechtem Wohnen beschäftigt haben. Im Verlauf des Studiums ermöglicht eine ehrenamtliche Tätigkeit den konstruktiven Umgang mit Erziehungszeiten oder Arbeitslosigkeit.

Berufsbegleitend angelegt werden im Master-Weiterbildungsstudiengang Soziale Gerontologie drei Vollzeitsemester auf fünf Teilzeitsemester ausgeweitet, sodass sich die Regelstudienzeit auf 2,5 Jahre beläuft. Im Vergleich zu einem grundständigen Studiengang ist die zeitliche Belastung für Studierende pro Semester damit um mindestens ein Drittel geringer. Bei einem studentischen Arbeitsaufkommen (Workload) von insgesamt 2.700 Stunden im Studiengang beträgt das Verhältnis von Präsenzzeit zu Selbstlernzeit in etwa 1:4,5. Durch den Einbezug eines Lernmanagementsystems bzw. den Einsatz sog. Neuer Medien soll das Lernen und Lehren sowie der Kontakt zwischen Studierenden und DozentInnen jenseits der Präsenzzeit vor Ort unterstützt und intensiviert werden. Die Präsenzzeit selbst wird in Form von Kontaktwochen, Kontaktwochenenden und - sofern realisierbar - durch Kontaktabende gestaltet. All diese Regelungen beabsichtigen die Erleichterung der Vereinbarkeit von Studium, Arbeit und Familie.

Der Studiengang steht nach bisheriger Planung pro Aufnahmezyklus 30 Studierenden offen. Bei Vollbelegung kann er jährlich, ansonsten zweijährlich angeboten werden. Diese Variabilität findet seinen Grund in der Finanzierung durch Studiengebühren, die pro Semester zwischen 800 € und 1200 € betragen sollen. Mit den Studiengebühren müssen im Wesentlichen eine Verwaltungsstelle und Lehraufträge abgesichert werden. Nach den Ländergemeinsamen Strukturvorgaben für die Akkreditierung von Bachelor- und Master-Studiengängen der Kultusministerkonferenz mit Beschluss vom 22. September 2005 (http://www. kmk.org/hschule/strukvorgaben.pdf) ist der Profiltyp des weiterbildenden Studienganges Soziale Gerontologie „eher anwendungs-orientiert", umfasst eine ECTS-Punkt-Anzahl von 90 und schließt mit dem akademischen Grad „Master of Arts" ab.

Offene Aufgaben und Ausblick

Der Master-Weiterbildungsstudiengang Soziale Gerontologie an der Hochschule Zittau/Görlitz wurde von der Akkreditierungsagentur für Studiengänge im Bereich Heilpädagogik, Pflege, Gesundheit und Soziale Arbeit e.v. (AHPGS), Freiburg, am 16. Februar 2006 akkreditiert. Der Zugang zum Höheren Dienst wurde vom Sächsischen Staatsministerium des Innern am 27. Juni 2006 ausgesprochen. Die Einführung des Studienganges soll zum Wintersemester 2007/08 erfolgen.

Zur fortlaufenden Studiengangsevaluation ist neben der Lehrevaluation im engeren Sinne (Bewertung der einzelnen Module durch die StudentInnen) eine schriftliche Studierendenbefragung mit unterschiedlichen Erhebungszeitpunkten zu Beginn, in der Mitte und zum Abschluss des Studiums vorgesehen. Damit sollen Motivationen, Interessen und Bedarfe an den Studiengang aus Nachfragersicht ernst genommen und einbezogen werden. Perspektivisch, nach Studienabschluss des ersten Matrikels, sind Verbleibs- bzw. Berufsweganalysen der AbsolventInnen wünschenswert. Eine Evaluationsbeauftragte aus dem Kreis der modulbeauftragten HochschullehrerInnen ist bereits benannt.

Zuvor werden die Ressourcen jedoch in eine breite Netzwerkarbeit einfließen. Zum einen stehen neben bereits bestehenden lokalen und regionalen Fachkooperationen, Kontakte mit dem Sächsischen Staatsministerium für Soziales, den sächsischen Wohlfahrtsverbänden und den Stadtverwaltungen in Dresden, Leipzig und Chemnitz auf der Agenda. Ziel sind einerseits die Klärung von Bedarfen der Berufspraxis an den Studiengang, insbesondere auch an das curriculare Element der Praxisprojektstudie, andererseits Absprachen zur Unterstützung durch Freistellungen und/oder Übernahme von bzw. Beteiligung an Studiengebühren für interessierte ArbeitnehmerInnen. Darüber hinaus muss der Studiengang den anderen bundesdeutschen gerontologischen Studiengängen sowie den mit Altersfragen zentral befassten bundesdeutschen Einrichtungen wie dem Deutschen Zentrum für Altersfragen, Berlin, oder dem Kuratorium Deutsche Altershilfe, Köln, vorgestellt und eine Zusammenarbeit mit den relevanten Fach-, Berufs- und Seniorenverbänden angebahnt werden. Dies alles soll neben der Verortung in der scientific community sowie der Berufspraxis einen Rückfluss in die Organisation des Präsenzstudiums ergeben, die in einem berufsbegleitenden Studienangebot mit dem Versuch der Zusammenführung von Interessen der

Studierenden, der Arbeitgeber und der Hochschule einer Quadratur des Kreises entspricht. Es gilt die Frage angemessen zu beantworten, wie lernpsychologische, erwachsenenpädagogische und didaktisch-methodische Gesichtspunkte in einem Lernkontext angemessen berücksichtigt werden können, der überwiegend durch Wochen- und Wochenend-Zeitblöcke gekennzeichnet ist. Obwohl sich Teile des Kollegiums durch eigenständige gerontologische Expertise ausweisen, war es im Fachbereich von Anfang an Konsens, die fachliche Qualität des Master-Studienganges Soziale Gerontologie mit einer neu zu berufenden Professur zu untersetzen, nicht zuletzt, um expliziten Anschluss an die scientific community der GerontologInnen in der Bundesrepublik zu finden. Wie bereits erwähnt, muss dies zunächst in Form der Einwerbung einer Stiftungsprofessur auf fünf Jahre mit anschließender Verstetigung durch die Hochschule erfolgen. Als Zwischenerfahrung mit Trägern kommerzieller Altenwohnstifte und Unternehmen der Hilfsmittelbranche als angesprochenen potentiellen Sponsoren sei berichtet, dass eine bedingungsfreie Förderung auf Zeit nicht selbstverständlich erwartet werden kann und bei einem umfassender angelegten sozialwissenschaftlichen Studien- und Forschungsprofil wie dem vorliegenden stets die Thematik der gemeinsamen Schnittstellen (z.B. mit einem Inkontinenzprodukthersteller) auftaucht. Als Konsequenz lässt sich ableiten, dass der Politik, welche die Hochschulen in größere Autonomie zu entlassen gedenkt, in Feldern gesellschaftlicher Entwicklung wie dem demografischen Wandel, die durch eine weitgehend subventionsabhängige Wirtschaftsstruktur und nicht geringe sozialpolitische Brisanz gekennzeichnet sind, aus verantwortungsethischer Sicht weiterhin eine Mitsteuerungsaufgabe zukommt (vgl. auch Milbradt/Meier 2004). In diesem Sinne, einer Mischung aus wirtschaftlicher und politischer Lobbyarbeit, soll die Einwerbung einer Stiftungsprofessur zum Erfolg geführt werden.

Bei der Umsetzung eines Projektvorhabens ist das Auftreten unerwarteter Vorkommnisse nicht auszuschließen. So zog sich eine präzise Kostenkalkulation, insbesondere der Studiengebühren, lange hin, weil entsprechende landesrechtliche Vorgaben zur Bewirtschaftung kommerziell angebotener Master-Weiterbildungsstudiengänge fehlten. Herausfordernder stellt sich dann schon eine Lage dar, wenn in den Neuen Bundesländern, die bisher keine (sozial-)gerontologischen Weiterbildungsstudiengänge kennen, im benachbarten Bundesland Brandenburg, am Standort Cottbus der Fachhochschule Lausitz, in etwa 80 km nördlich von Görlitz gelegen, zeitgleich ebenfalls ein Master-Weiterbildungsstudiengang Gerontologie auf dem „Markt" erscheint. Unmittelbar stellt sich für beide Hochschulen die Notwendigkeit eines Ausbalancierens zwischen Konkurrenz und Kooperation.

In der Kategorisierung der Aktion Demographischer Wandel der Bertelsmann-Stiftung wird Görlitz wie auch sämtliche umliegende Kommunen dem Demographietyp 4 „Schrumpfende und alternde Städte und Gemeinden mit hoher Abwanderung" zugerechnet (http://www.wegweiserdemographie.de/). In der Gesamtbewertung des Berlin-Instituts für Bevölkerung und Entwicklung wird der demografische und ökonomische Trend in den Kreisen und bisher kreisfreien Städten in Ostsachsen und Ostbrandenburg durchgängig negativ, zum Teil besonders negativ, prognostiziert - ein Befund, der mit geringen Ausnahmen überdies für alle Neuen Bundesländer gilt (vgl. Kröhnert et al. 2006: 18). Wenn nicht hier, wo dann sonst, sollen Hochschulen durch Lehre, Forschung und Praxisprojekte einen Beitrag zur erfolgreichen Bewältigung der Veränderungen in der Bevölkerungszusammensetzung und dabei insbesondere der Zunahme älterer Menschen leisten?

Literaturverzeichnis

Bertelsmann-Stiftung: Wegweiser Demographischer Wandel, 2006; http://www. wegweiserdemographie.de/

Der Europäische Hochschulraum. Gemeinsame Erklärung der Europäischen Bildungsminister, Bologna: 19. Juni 1999; http://www.bmbf.de/pub/bologna_deu.pdf

Karl, Fred: Gerontologie und Soziale Gerontologie in Deutschland; in: Jansen, Birgit/Karl, Fred/Radebold, Hartmut/Schmitz-Scherzer, Reinhard (Hrsg.): Soziale Gerontologie; Beltz: Weinheim und Basel, 1999: 20 - 46

Kröhnert; Steffen/Medicus, Franziska/Klingholz, Reiner: Die demografische Lage der Nation: Wie zukunftsfähig sind Deutschlands Regionen?; Deutscher Taschenbuch Verlag: München, 2006

Ländergemeinsame Strukturvorgaben gemäß § 9 Abs. 2 HRG für die Akkreditierung von Bachelor- und Masterstudiengängen, Beschluss der Kultusministerkonferenz vom 10. Oktober 2003 i.d.F. vom 22. September 2005; http://www.kmk.org/hschule/strukvorgaben.pdf

Mertel, Sabine: Altenhilfeplanung und Sozialberichterstattung als Innovation im Landkreis Löbau/Zittau. Eine qualitativ-quantitative Studie; Forschungsprojekt, 2004

Milbradt, Georg/Meier, Johannes (Hrsg.): Die demographische Herausforderung – Sachsens Zukunft gestalten; Verlag Bertelsmann Stiftung: Gütersloh, 2004

Steinert, Erika: Ältere und alte Frauen – die Bedeutung des Alterns vor dem Hintergrund der Systemtransformation; Forschungsprojekt, 2001 - 2003

Thiele, Gisela: Soziale Arbeit mit alten Menschen; Fortis: Köln, 2001

Thiele, Gisela/Waldow, Michael: Kommunikationsstörungen im Pflegealltag stationärer Einrichtungen; Forschungsprojekt, 2004 - 2006

Wirsing, Rolf: Multimorbidität im Alltag alter Menschen; Forschungsprojekt, 2005

Zillich, Norbert: Wir werden täglich älter - Zu den Perspektiven eines Master-Studienganges ‚Soziale Gerontologie' am Fachbereich Sozialwesen; Hochschule Zittau/Görlitz (FH): unveröffentlichter Vortrag, gehalten am 9. Oktober 2002

Dipl.-Ökonom Michael G. Schulz, Geschäftsführer der IMMOFANT GmbH, Görlitz

Perspektive Pensionopolis Görlitz/Zgorzelec aus Unternehmersicht

Die Frage nach der „Perspektive Pensionopolis" wird für Görlitz/Zgorzelec mittelfristig zu einer ganz wichtigen Überlebensfrage. Um die Beantwortung der Frage vorweg zu nehmen: Der Erfolg oder Misserfolg ergibt sich aus der Umsetzungsqualität eines interessanten Angebotes für Menschen in der zweiten Lebenshälfte, die in der ersten Lebenshälfte Erfolg hatten, insbesondere auch ökonomischen Erfolg.

Doch vorweg muss man sich die Misere aus der Beschreibung des negativen Trends der Jahre der Nachwendezeit vor Augen halten, um die Handlungsalternativen zu verstehen und besser werten zu können. Folgende Merkmale lassen sich zusammenfassen:

- dramatischer Bevölkerungsschwund durch negativen Saldo der Summe aus Wegzügen und Sterberate abzüglich der Summe der Zuzüge und der Geburtenrate. Dieser Negativsaldo erreichte in der Spitze einen Verlust von fast 4000 Menschen pro Jahr,

- extremer Anstieg der Überalterung der Bevölkerung: Für den Görlitzer Bevölkerungsteil heißt dieses, dass das Durchschnittsalter jahrelang über 40 Jahre betrug. Derzeit ist die Tendenz wieder leicht fallend,

- kontinuierliche Steigerung der Arbeitslosenquote auf nahezu 25 % der Erwerbstätigen: Die echte Arbeitslosenquote liegt höher,

- steigende öffentliche Defizite mit der Folge der Einschränkung der öffentlichen Haushalte,

- stark abnehmende Steuereinnahmen und Zuweisungen des Bundes und der Länder.

Dieses ist alles Zeichen eines umfassenden Schrumpfungsprozesses, ein Phänomen, das nicht nur Görlitz/Zgorzelec kennt.

Wie kann ein derartiger Prozess gestoppt und dann in einen wachsenden sowie gesundenden Prozess umgekehrt werden? Gelingt dieses überhaupt noch? Ist „the point of no return" bereits überschritten? (Stichwort: Sterbende Urbanisationen)

Aus den vielschichtigen Determinanten dieses schleichenden Prozesses ergeben sich aus meiner Sicht drei Hauptlösungsansätze:

1. Neue Menschen durch Wachstum der Unternehmen und der Ansiedlung neuer Unternehmen

Der Bereich der Unternehmensansiedlungsbemühungen und alle damit zusammenhängenden Enttäuschungen, hervorgerufen durch die Globalisierung,

Schrumpfung und Verlagerung von Produktion, Fertigung und unter anderem ganzer Industriekerne nach Asien und nach Osteuropa, scheinen kurzfristig nicht zielführend zu sein. Dieses kann eine Stadt wie Görlitz/Zgorzelec mittelfristig nicht ändern. Das heißt, der Bereich Wachstum durch Schaffung industrieller und gewerblicher Arbeitsplätze erscheint erschwert. Die Chance auf Ansiedlung von BMW, Porsche etc. mit einer Werkserweiterung gleicht einem Lottogewinn. Die Landespolitik der Förderung der Leuchttürme wie Dresden, Leipzig und Chemnitz unterstreicht dieses. Fördermittel werden fokussiert für diese Kerne eingesetzt.

2. Wachstum der jungen Bevölkerungsanteile durch Wachstum im Bildungsbereich Hochschule und die Verstärkung der Vernetzung der Hochschule mit der Wirtschaft:

Zweifelsohne ein richtiger Erfolg versprechender Weg. Das Problem ergibt sich aber am Ende der Ausbildung. Wenn für die Absolventen keine adäquaten Beschäftigungsverhältnisse in der Region angeboten werden können, wandern diese ab. Somit kommen immer neue unerfahrene Studienanfänger und fertige Absolventen verlassen die Region. Wachstumseffekte entstehen nur durch ein Wachstum der Hochschule insgesamt und durch die neuen Arbeitsplätze im Rahmen von vernetzten Projekten zwischen Hochschule und Wirtschaft. Erfolgsaussichten durch nachhaltige Mengeneffekte ergeben sich hier nur mittelfristig.

3. Neue Menschen durch Wachstum als Pensionopolis-Stadt

Alles ist in unserer Gesellschaft in Veränderung am Anfang des neuen Jahrtausends. Die Mobilität der Menschen und damit ihre Anzahl der Wohnsitze für einzelne Lebensabschnitte nehmen stark zu.

Die Konzentration auf ein Ziel führendes Marketing für die Anwerbung von Menschen, die in die zweite Hälfte ihres Lebens treten, erscheint Viel versprechend. Qualifizierte ältere Mitarbeiter verlieren im Rahmen von Restrukturierungen und auch durch Produktionsverlagerungen in die Billiglohn Länder ihren Arbeitsplatz mit einer geringeren Chance, einen vergleichbaren, hoch bezahlten Arbeitsplatz am Heimatort im Vergleich zu einem Mittdreißigjährigen mit ordentlicher Ausbildung und angemessener Berufserfahrung zu finden. Auch die zahlreichen Führungskräfte im Mittelmanagement - vom Spezialisten über den

Gruppenleiter und Abteilungsleiter -, die durch die Restrukturierung in der Finanzwirtschaft in den letzten Jahren freigesetzt wurden - am Bankplatz Frankfurt spricht man von ca. 4.000 älteren Führungskräften - ist ein weiteres Beispiel. Hier wären aus allen Branchen viele Beispiele anführbar.

Wie ist das Profil dieser Menschen am Beginn oder bereits mitten in der zweiten Lebenshälfte?

- verheiratet oder als Single in stabilen Lebensumständen lebend

- Kinder i. d. R. aus dem Haus

- gesundheitsorientiert, sportlich aktiv, kulturell interessiert

- Eigentumswohnung oder Haus abbezahlt oder weit entschuldet

- i. d. R. vermögend bzw. angemessene Rücklagen

- angemessene Altersversorgung

- etc.

Durch den Wegfall der höheren Einkünfte ergibt sich die Frage, wie mit Einschränkungen der Lebensstandard beispielsweise in einer Großstadt wie Frankfurt, Hamburg, Düsseldorf etc. erträglich und auch von der Vision her optimistisch für die bereits begonnene zweite Lebenshälfte gewonnen werden kann. Wenn der Bewerbungsmarathon nach z.B. zwei Jahren zeigt, dass eine komplette Neuorientierung erfolgen muss, dann schlägt die Stunde von Pensionopolis Görlitz/Zgorzelec.

Was kann ein zielgeführtes Marketing anbieten?

- Regionales Mittelzentrum mit ca. 100.000 Einwohnern und ca. 2 Millionen Menschen in der Region

- Landschaftlich einmalige Kulturlandschaft der Lausitz und Niederschlesiens

- Größtes geschlossenes Kulturdenkmal mit ca. 4000 denkmalgeschützten Häusern und ca. 2000 Einzeldenkmälern – vielleicht wirklich die schönste Stadt Deutschlands

- Hervorragende, kulturelle Infrastruktur wie eine Stadt mit 300.000 Einwohnern (Museen, Theater, etc.)

- Naherholungsgebiete wie Zittauer Gebirge, Riesengebirge und großer Berzdorfer See vor der Stadt im Entstehen mit knapp 1000 ha Wasserfläche, Hafen, 18-Loch-Golf-Platz, Naturschutzgebieten u.v.m.,

- Kulturell interessanter Ort, an dem das neue Europa im Drei-Länder-Eck mit drei Sprachen entsteht,

- Beste Lebensbedingungen aufgrund exzellenter Preis-Leistungs-Verhältnisse für Kosten von Miete , Dienstleistungen etc.,

- Hochwertige Schulen und gute Krankenhäuser, etc.

Wenn nun hier ein zweites Leben begonnen werden kann, für das man in jeder anderen Stadt das doppelte bis dreifache an monatlichen Ausgaben braucht, dann sind die langfristig befriedigenden Chancen für die zweite Hälfte des Lebens ebenfalls vielseitig.

Wie kann dieses umgesetzt werden?

Zielgerichtetes Marketing, umfassende Information, strategische Akquisition und ein touristisches Leitbild, dass beim Besuch unserer Stadt dieser Zielgruppe die Möglichkeit des Erkennens der effizienten Problemlösung der Problemstellung der zweiten Lebenshälfte aufbringt. Das facettenreiche Angebot löst dieses Problem effizient und gut. Dieses bedarf natürlich einer umfassenden Beratung und Umsetzungshilfe. Quasi ein Coaching beim Eintritt oder Umsetzung in die zweite Lebenshälfte. Ich halte aus dieser Zielgruppe einen Zuzug von ca. 1.000 Menschen der über 50-Jährigen für ein durchaus erreichbares Ziel. Pensionopolis Görlitz/Zgorzelec kann die zweite Lebenshälfte zur besseren machen.

Prof.em. Dr. rer. soc. Hermann Heitkamp, Hochschule Zittau/Görlitz (FH),
Fachbereich Sozialwesen

Zusammenfassung aus Sicht eines Tagungsbeobachters

Resumé konference z pohledu jednoho z účastníků

Účastník konference, emeritovaný vysokoškolský profesor sociálních věd, který se sám nachází na prahu mezi sedmou a osmou životní dekádou, zdůrazňuje především dramatičnost populačních prognóz společnou všem třem příhraničním regionům. Demografické stárnutí se stalo celoevropským fenoménem, kterému je třeba čelit na politické, společenské, vědecké i praktické úrovni již dnes a ne teprve ve vzdálené budoucnosti. Opouštíli mladí lidé region ve stále větší míře a starší populace zůstává a početně roste, stává se centrálním úkolem komun zabezpečit starší spoluobčany prostřednictvím nově uzpůsobených zdravotnických a sociálních systémů, které budou odpovídat vzrůstajícímu počtu seniorů, odkázaných na cizí pomoc. Myšlenky a projekty, které byly na této konferenci představeny, je možno považovat za první kroky směřující ke konstruktivnímu řešení tohoto problému. V započaté diskuzi by se mělo pokračovat, a to nejlépe na další navazující konferenci.

Streszczenie z punktu widzenia obserwatora konferencji

Obserwator konferencji, emerytowany wykładowca z Wydziału Nauk Społecznych Szkoły Wyższej, sam będący w wieku na przełomie 7. i 8. dziesięciolecia, podkreśla dramat nieznacznie się różniących danych z trzech regionów przygranicznych. Starzenie się społeczeństwa stało się fenomenem ogólnoeuropejskim, któremu już teraz, a nie dopiero w dalekiej przyszłości, powinno się przeciwdziałać w polityce i społeczeństwie, nauce oraz praktyce. Kiedy młodzi ludzie się wyprowadzają i jest ich coraz mniej, a pozostają starsi i jest ich coraz więcej, głównym zadaniem gmin jest stworzenie dla starszych obywateli możliwości opieki zdrowotnej i społecznej, szczególnie ze względu na postępującą u nich potrzebą pomocy indywidualnej. Przedstawione na konferencji projekty i pomysły uważa się za pierwsze kroki w kierunku konstruktywnego zwalczania problemu. Rozpoczęta dyskusja powinna być dalej kontynuowana, najlepiej na następnej konferencji.

119

Die Überschrift dieses Beitrages erlaube ich mir um zwei Worte zu ergänzen: aus der Sicht eines Tagungsteilnehmers „und Betroffenen". Wer sich wie ich anschickt die Schwelle vom 7. zum 8. Lebensjahrzehnt zu überschreiten, wird die angestandene brisante Tagungsthematik nicht einfach nur beobachtend spiegeln können, sondern das hier Vorgetragene und Diskutierte immer auch auf die eigene Person zu reflektieren versucht sein.

Zwei Tage haben wir uns mit den schon eingetretenen und den wahrscheinlichen Auswirkungen der demografischen Entwicklung zu einer rasch alternden Gesellschaft auf die kommunalen Gemeinwesen und Regionen im Euro-Dreieck Polen, Tschechien und Deutschland befasst.

Die inhaltliche Fülle der exzellenten Beiträge erlaubt keine detaillierte kommentierende Zusammenfassung. Gestatten Sie mir daher, mich auf die Heraushebung einiger Statements zu beschränken, die mir ausgesprochen oder unausgesprochen im Tenor übereinzustimmen scheinen und im Weiteren ein paar subjektive Anmerkungen aus der Betroffenenperspektive vorzutragen. Ich hoffe auf Ihr Verständnis.

Die im ersten Abschnitt geleistete Analyse hat vermutlich nicht nur mir die Dramatik erst richtig ins Bewusstsein gerückt. Nicht so sehr, dass durch die Beschreibung des demografischen Ist-Zustandes in den Ländern der Euro-Region die Überalterungsproblematik von den Referenten dankenswerterweise in die reale Gegenwart hineingeholt worden ist, sondern mehr die Erkenntnis, dass der Verlauf in den Ländern nur noch geringe graduelle Unterschiede aufweist, macht betroffen. Die Herausforderung an Politik und Gesellschaft, an Wissenschaft und Praxis sind somit in der gesamten Euroregion gleich groß. Fazit: der demografische Alterungsprozess unserer Gesellschaft ist kein lokales, kein regionales, sondern längst ein internationales, ja gesamteuropäisches Phänomen, dem wir uns auf allen ebenen sofort und nicht erst in weiterer Zukunft stellen müssen.

Das die Überalterungsproblematik im deutschen Teil der Euroregion-Neiße am deutlichsten das Alltagsbild unserer Städte und Gemeinden bestimmt, verwundert nicht, wenn, wie hier dargelegt, infolge gesellschaftlicher Umbrüche, wirtschaftlicher Instabilität und Arbeitsplatz bedingter Wegzüge gleich drei bedeutende und sich gegenseitig verstärkende Einflussgrößen wirksam sind, die Familiengründungen erschweren und Sicherheit vermittelnde Planungen von Familienverläufen hoch Risiko bewehrt machen. In mehreren Beiträgen (Hampel, Kenschek, Steinert u. a.) wurde auf die wachsende Problematik hingewiesen, die sich bereits in wenigen Jahren aus den dramatisch geburtenarmen Jahrgängen vor allem der letzten 15 Jahre ergeben, wenn dann die potentiellen Mütter fehlen werden. Die tiefe Delle in der demografischen Pyramide ist unabänderliche Realität. Umso mehr muss unverzüglich der Prozess radikalen Umdenkens einsetzen (Kendschek).

Der Kanon übereinstimmender Aussagen und Schlussfolgerungen war bei den vortragenden erwartungsgemäß groß. Ich greife nur einige wenige auf. Die demografische Bevölkerungsentwicklung

- erfordert eine sofortige Neu- und Umorientierung in sozial-, wirtschafts- und gesamtgesellschaftlichen Kontexten,

- zwingt, den infrastrukturellen Bedarf (sozial, medizinisch, pflegerisch und verkehrsstrukturell) jetzt und nicht erst in späterer Zeit zu ermitteln und sukzessive der Alterungsentwicklung anzupassen. Eine Reform der Sozial- und Gesundheitssysteme ist unerlässlich, weil die gegenwärtigen Regeln und Verfahren bereits jetzt qualitativ und quantitativ unzureichend sind,

- macht in rasant zunehmendem Maße immer mehr ältere Menschen von funktionierenden Sozialsystemen abhängig, weil Selbsthilfepotenziale in Familiensystemen schwinden und die Zahl der Single-Haushalte infolge hoher Scheidungsraten zunimmt. Thiele weist darauf hin, dass sich der Anteil der über 60-Jährigen ambulant Pflegebedürftigen verdoppelt hat, doch

- die Entwicklung weist auch einen positiven, aber nicht unbedingt neuen Lichtblick auf: alte Menschen werden mit zunehmender Bedeutung zur vielleicht wichtigsten wirtschaftlichen Zielgruppe.

Das Thema „Stadtentwicklung als Folge des demografischen Wandels" vertiefter diskutieren zu können, wäre wünschenswert gewesen. Dieses Thema hat aber zweifelsohne reichlich Potenzial für ein eigenes breit angelegtes Tagungsthema. Die Besonderheit für Görlitz und andere ostdeutsche Städte liegt im Zusammentreffen und in der Verflechtung zweier Stränge, dem des demografischen Wandels und dem des Wegzugs junger Menschen.

Wir alle, voran unsere Stadtplaner und Kommunalpolitiker sollten den sich vollziehenden Schrumpfungsprozess unserer Städte nicht primär beklagen, sondern aktzeptieren, dass von Menschenhand Entstandenes vergänglich ist und stets Raum für Neues schafft. Der renommierte Architekturkritiker Wolfgang Kil schreibt in seinem kürzlich erschienen Buch „Luxus der Leere"[1]: „Das Weniger werden darf nicht allein auf irgendein Wegnehmen reduziert werden, vielmehr muss man das ‚Andere' herausfinden, das in dem ‚Weniger' steckt." Unter „Andere" subsumiere ich die Herausforderung, die Entwicklung kreativ aufzugreifen und die ökonomischen, sozialen und kulturellen Strukuren unserer Gemeinwesen für Bedarfe der sich ändernden Bevölkerungsstruktur fit zu machen.

---

[1] Kil, Wolfgang: Luxus der Leere. Vom schwierigen Rückzug aus der Wachstumswelt. Eine Streitschrift. Wuppertal 2004

Im dritten Tagungsabschnitt haben wir uns nach Situationsbeschreibungen, Analysen und Betrachtungen von Veränderungsstrategien mit der Frage befasst, was eine Stadt wie Görlitz angesichts der verlustreichen Exodus junger Menschen und der massiv wachsenden Zahl älterer Menschen an situationsangepassten neuen sozialen und sozialpflegerischen Dienstleistungen braucht. Auf welche Angebote können ältere Menschen gegebenenfalls in Görlitz, in Zgrozelec, in Liberec zugehen? Als alter Mensch brauche ich ein Gefühl der Sicherheit, dass bei eventuell eintretender individueller Hilfebedürftigkeit ein adäquates Hilfeangebot verlässlich vorhanden ist. Mir scheint dies eines der wichtigsten, vielleicht das wichtigste Entscheidungskriterium zu sein, in dieser Gemeinde, in dieser Stadt den dritten Lebensabschnitt verbringen zu wollen. Das Projekt der Volkssolidarität einer ambulant betreuten Wohngemeinschaft für Demenzkranke sowie der von Wachtarz vorgestellte Entwurf eines gerontopsychiatrischen Kompetenzzentrums verdienen in diesem Kontext hohe Aufmerksamkeit und in anderen sozialen und pflegerischen Bereichen Nachahmung, ebenso auch der projektierte Mehrgenerationenansatz in Zgorzelec, wo, wenn ich richtig verstanden habe, ein gemeinwesenorientiertes Konzept einer generationenübergreifenden Einstehensgemeinschaft entwickelt wird.

Ein solches Konzept kommt den Bedürfnissen älterer Menschen entgegen. Wir Alten wollen unseren dritten Lebensabschnitt so lange wie möglich im gewohnten sozialen Umfeld in Selbständigkeit und Unabhängigkeit verbringen. Wir erwarten und brauchen einerseits ein System ambulanter Dienstleistungsangebote zur Bewältigung außergewöhnlicher Belastungssituationen und zur Abfederung leichter bis mittlerer Pflegebedürftigkeit, möchten aber möglichst keine Einengung unseres Bewegungsraumes. Seniorinnen und Senioren wünschen zudem, dass ihr Wissen und Können nachgefragt und gebraucht wird, suchen ein Stück solidarischer Gemeinschaft zwischen Jung und Alt. Seniorengenossenschaften[5] und Wohnformen „Jung und Alt"[6] sind beliebt und nachgefragt, weil sie genau diesen Erwartungen zu entsprechen scheinen.

„Pensionopolis" ist, wie Hannich in seinem Grußwort erwähnt, eine Wortschöpfung des Sozialkritikers und Schriftstellers Georg Büchner. Er charakterisierte damit vor etwa 180 Jahren seine Heimatstadt Darmstadt, eine alte Garnisonsstadt, die langweilig, „breit, weit und todt" [7] sei. „Pensionopolis" in unserem Verständnis ist eine positiv belegte Anfrage an die Gestaltungskräfte städtischer Gemeinwesen. Die Europastadt Görlitz/Zgorzelec hat reichlich Potential für ein

---

[5]   in Baden-Württemberg vor bald 20 Jahren entwickelt und inzwischen vielfach bewährt. Informationen über Sozialministerium Stuttgart

[6]   einer der größten Träger von Wohnanlagen für Jung und Alt ist die Stiftung Liebenau in Meckenbeuren-Liebenau

[7]   Büchner, Georg: Werke und Briefe. Münchner Ausgabe. Hg von Karl Lehmann. Deutscher Taschenbuch Verlag, 5. Aufl. München 1995

bedarfsgerechtes Pensionopolis, bietet, darauf hat Schulz in seinem Beitrag präzise hingewiesen,

- ein intaktes regionales Mittelzentrum,

- umgeben von einer einzigartigen Kulturlandschaft und einem abwechslungsreichen Naherholungsgebiet,

- eine exzellente kulturelle Infrastruktur inmitten einer einmalig reichen denkmalgeschützten Bausubstanz von hoher Wohn- und Lebensqualität.

Görlitz ist geradezu prädestiniert, den Faden von vor mehr als hundert Jahren wieder aufzunehmen und sich als attraktiver Lebensraum für Ruheständler aus Berlin und anderen Gegenden auszuweisen. Ich verweise in diesem Zusammenhang nochmals auf Wolfgang Kil, der Görlitz als „schönste und größte Stadt zwischen Dresden und Breslau/Wroclaw, (als) Perle der Oberlausitz, Tor nach Schlesien, bald tausendjähriges Juwel der Baukunst und zweitwichtigste Grenzstadt zu Polen" bezeichnet[8].

Aus den Einzelbeiträgen beider Tage ergeben sich nicht zuletzt auch erste Folgerungen personeller Art. Um die großen Herausforderungen einer alternden Gesellschaft anzunehmen und anzugehen, bedarf es Menschen mit beruflichen Spezialqualifikationen, die es gegenwärtig nicht, in bestimmten Bereichen zumindest nicht ausreichend gibt.

Als emeritierter Angehöriger dieser Hochschule erfüllt mich mit Freude, dass der Fachbereich Sozialwesen seit langem die Zeichen der Zeit erkannt hat und längst vorbereitet ist, der Praxis entsprechende Angebote zu offerieren. Ich verweise auf die Ausführungen der Kollegin Steinert zum TRAWOS-Institut. Das junge Institut TRAWOS und der schon langjährige erfahrene Verein GÜSA erfassen in ihrer Arbeit die ganze Breite der gestern und heute hier vorgestellten Thematik. Beide Institute leisten einen wertvollen Beitrag zur Bearbeitung anstehender Strukturveränderungen.

Ich denke, das vom Dekan dieses Fachbereiches vorgestellte Curriculum eines Master-Weiterbildungsstudienganges „Soziale Gerontologie" kommt zur rechten Zeit. Es kann für Städte und Gemeinden, für die freie Wohlfahrtspflege und Sozialverbände mehr als nur ein Hoffnungsschimmer sein, für die anstehenden großen Herausforderungen bald auch auf in der Euroregion Neiße ausgebildetes hochqualifiziertes Personal zurückgreifen zu können. Das vom Kollegen Zillich vorgestellte Studienangebot ist eine überzeugende Antwort des Ausbildungsbereiches auf die demografische Herausforderung unserer Zeit. Ich wünsche diesem Studienangebot eine der Problemlage angemessene Nachfrage und bin sehr zuversichtlich, dass die Praxis ihren Bedarf an Sozialen Gerontologen erkennt,

---

[8] Kil, Wolfgang: Görlitz - Die Stadt, ihre Schönheit und der Umbau Ost. In: Deutsches Architektenblatt 4/2002

Fachkräfte aus ihren eigenen Reihen zur weitern Qualifizierung hierher schickt und den künftigen Experten später eine angemessene Arbeitsplattform bietet.

Ich bin zuversichtlich, dass die auf dieser Fachtagung angestoßene Diskussion weitergeht. Den Veranstaltern sei Dank für die Planung und Durchführung dieser Tagung aus- und Mut für eine Folgeveranstaltung zugesprochen.

Joachim Paulick, Oberbürgermeister der Stadt Görlitz

Pensionopolis Görlitz: Entwicklung trotz Alterung?!

Noch vor wenigen Jahren war das Interesse an Themen der Demographie nicht sehr groß und wurde allenfalls im Zusammenhang mit der sogenannten „Bevölkerungsexplosion" in Entwicklungsländern problematisiert. Wenn mittlerweile der demographische Wandel in Deutschland in seinen Ursachen und gravierenden Auswirkungen auch in einer breiten Öffentlichkeit „angekommen" ist, so geschieht dies mit Blick auf die Zukunft der sozialen Sicherungssysteme und der Innovationsfähigkeit der Gesellschaft sorgenvoll bis ängstlich. Es hat den Anschein, dass die Demographie immer erst dann zu einem Thema wird, wenn sie offenkundig zu einem Problem wird. Dabei ist es eine bekannte Tatsache, dass sich Bevölkerungsentwicklungen in langen Wellen vollziehen und Versuche, diese Entwicklungen zu beeinflussen, in jedem Fall einkalkulieren müssen, dass die demographische Dynamik der Wendigkeit eines Öltankers auf hoher See gleicht. Schnelle Wendemanöver sind nicht möglich.

Neben einem Rückgang der Bevölkerung muss sich Deutschland auf eine zunehmend alternde Gesellschaft einstellen. Abnahme und Alterung der Bevölkerung sind dabei in Ostdeutschland schon seit längerer Zeit zu beobachten, was unter anderem dazu führte, dass der Staat im Rahmen des Programms Stadtumbau-Ost den Abriss leerstehender Wohnungen fördern muss.

Vom Rückgang und der Alterung der Bevölkerung ist auch die Stadt Görlitz nicht ausgenommen. So hat die Bevölkerung von Görlitz beispielsweise im Zeitraum 1998 - 2004 um 9,3 % abgenommen, während die Anzahl der 61- bis 70-jährigen Menschen um 22 % zugenommen hat, die 71 Jahre und älteren Personen immerhin um 10,1 %. Das Durchschnittsalter der Görlitzer beträgt heute ca. 46 Jahre.

In jüngster Zeit sinkt die Bevölkerungszahl der Stadt Görlitz allerdings nicht mehr so rapide ab, was in erster Linie auf eine verbesserte Wanderungsbilanz mit mehr Zuzügen als Fortzügen zurückzuführen ist. Daher nimmt die Bevölkerung nur noch aus dem Überschuss der Sterbefälle gegenüber den Geburten ab, d.h. in wesentlich geringerem Umfang als vor Jahren. Der Anstieg bei den Zuzügen betrifft auch jüngere Altersgruppen, besonders aber die Gruppe der 61- bis 70-Jährigen.

Es lassen sich im Rahmen dieses Beitrags nicht alle Vor- und Nachteile einer Stadtentwicklungs- und Stadtmarketingstrategie ausleuchten, die eine weitere Förderung des Zuzugs älterer Menschen zum Ziel hat.

Bevölkerungsverluste bewirken zumeist gravierende und nur schwer zu korrigierende Abwärtsspiralen in Bezug auf das Zusammenspiel der ökonomischen, sozialen und städtebaulichen Entwicklungsfaktoren. Wenn es also darum geht, die mit den Abwärtsspiralen Hand in Hand gehenden Bevölkerungsrungsverluste soweit wie möglich zu stoppen und dies zu einem guten Teil auch durch den Zuzug älterer Personen erreichbar ist, dann sollte man, neben der Förderung des Zuzugs jüngerer Menschen, *auch* diese Möglichkeit nutzen.

Auch ältere Menschen benötigen beispielsweise Wohnungen, reduzieren also den hohen Wohnungsleerstand der Stadt. Ebenso erscheint mir die Nachnutzung einer aufgrund des Wegzugs von Familien mit Kindern leerstehenden Kita als Begegnungsstätte für auch zugezogene ältere Menschen erstrebenswerter, als die Fortdauer des Leerstandes der Kita, an deren Ende wohl nur der Abriss steht.

Meiner Meinung nach schließen Zuzüge von älteren Menschen Zuzüge in den jüngeren Altersgruppen nicht aus, ganz im Gegenteil, wenn man etwa an die Nachfrage von älteren Personen nach spezifischen Dienstleistungen denkt, die überwiegend von jüngeren Menschen erbracht werden und so deren Arbeitsplätze sichern bzw. erst neu schaffen. Tatsächlich nehmen in den letzten Jahren nicht nur die Zuzüge älterer Menschen nach Görlitz zu, sondern auch die Zuzüge jüngerer Personen.

Es liegt auf der Hand, dass sich künftig die Konkurrenz zwischen den Städten und Regionen um Zuwanderer weiter verstärken wird, vermutlich ganz besonders ausgeprägt um jüngere Zuwanderer. Ganz offenbar besitzt die Stadt Görlitz hierbei gewisse Wettbewerbsvorteile hinsichtlich ihrer Attraktivität für Ruhesitzwanderer.

Dieser Wettbewerbsvorteil von Görlitz hat schließlich Tradition und muss wieder neu in Wert gesetzt werden. So stellte der Zeitzeuge Reinhardt Baumeister Ende des 19. Jahrhunderts hinsichtlich der Funktion von Görlitz als Pensionärsstadt fest: „Eine gewisse Reaktion gegen das übermäßige Anwachsen der Großstädte ist auch schon in manchen Kreisen bemerkbar. Leute, welche irgendwo von ihren Renten leben wollen, wählen häufig lieber eine Stadt von mäßiger Größe, wo soziale Übelstände noch nicht mächtig geworden und die Annehmlichkeiten der Natur leichter zu erreichen sind." Ein Ausdruck dafür, wie bekannt Görlitz diesbezüglich war, ist auch die Äußerung von Reichskanzler Bismarck im Jahre 1871, „er würde sich gern pensionieren lassen und nach Görlitz ziehen, denn er wisse, dass es sich in Görlitz gut leben lasse." (Zitate aus: Bednarek: Die städtebauliche Entwicklung von Görlitz im 19. Jahrhundert, 1991).

An dieser Stelle möchte ich es nicht unerwähnt lassen, dass es nach meinem Verständnis einer „Pensionopolis" Görlitz nicht nur darum geht, ältere Zuwanderer zu gewinnen, sondern ganz bewusst auch die seit langem in Görlitz lebenden, älteren Menschen in die Entwicklung der Stadt einzubeziehen. Die älteren Görlitzer sind keine Gruppe, für die sich die Stadt schämen müsste oder die man nur am Rande zu beachten hat. Tatsächlich zeigen sich die älteren Görlitzer, etwa was das bürgerschaftliche und ehrenamtliche Engagement angeht, oftmals viel aktiver als die Jüngeren, und es ist aus meiner Sicht absolut gerechtfertigt und vernünftig, unsere Stadt *auch* nach den Bedürfnissen der Älteren auszurichten.

Die Bedürfnisse und das Konsum- und Freizeitverhalten älterer Menschen lässt sich heutzutage nicht mehr mit früher vergleichen. Zunehmend entwickeln die sogenannten „jungen Alten" ein Nachfrageverhalten, dass sich demjenigen jüngerer Altersklasse angleicht. Daher entsteht durch diese Bevölkerungsgruppe nicht nur Nachfrage im sozialen und gesundheitlichen Bereich, sondern insgesamt im Einzelhandel und Dienstleistungssektor und im Freizeit-, Sport-, Bildungs- und Kulturbereich.

Selbstverständlich bedeutet die Orientierung am Leitbild Pensionopolis als einem Teilziel der Stadtentwicklung von Görlitz nicht, dass man darüber andere wichtige Aufgaben vernachlässigt, etwa was die notwendige Sicherung und Schaffung von Arbeitsplätzen anbelangt.

Eine besondere Gefahr der demographischen Entwicklung besteht beispielsweise darin, dass durch den Wegzug jüngerer Menschen tendenziell Fachkräfte in der Industrie knapp werden, was sich im Sinne eines Engpassfaktors sowohl auf die bestehenden Industrieunternehmen negativ auswirken kann, als auch auf die Möglichkeit, neue Betriebe anzusiedeln. Denn das Vorhandensein von qualifizierten Arbeitskräften differenziert sich im Zeitablauf immer stärker geographisch aus, so dass die Städte und Regionen, die über kein ausreichendes Angebot an jüngeren Arbeitskräften verfügen, keine Chancen haben werden, neue Industriearbeitsplätze anzusiedeln oder bestehende zu erhalten.

Daher reicht es für die Stadt Görlitz nicht aus, allein auf den Zuzug älterer Menschen zu setzen. In der Außendarstellung der Stadt Görlitz muss der „Spagat" bewältigt werden zwischen einer Profilierung als attraktivem Wohn- und Arbeitsort sowohl für die jüngere als auch für die ältere Generation. Dies sehe ich als eine zentrale Aufgabe einer neu zu erstellenden Stadtmarketingkonzeption an.

Anschriften der Autorinnen und Autoren

RNDr. Boris Burcin, internes Mitglied

Karls-Universität Prag, Naturwissenschaftliche Fakultät, Geographisches Institut, Abteilung Demographie und Geodemographie

Korrespondenzanschrift: Albertov 6

128 43 Prag 2

Telefon: 00420 221 951 417

Mailadresse: burcin@natur.cuni.cz

Magister Katarzyna Delikowska

Direktorin der Schule für die Sozialdienste in Wroclaw

Korrespondenzanschrift: Szkoła Policealna Służb Społecznych

Ul. Hubska 7

50-501 Wrocław

Telefon: 00 48 71 3678666

Mailadresse: katarzynadelikowska@op.pl

Eveline Hempel, Geschäftsführerin

Volkssolidarität Kreisverband Görlitz/Zittau e.V.

Korrespondenzanschrift: Pomologische Gartenstraße 6 - 10

02826 Görlitz

Telefon: 0049 (0)3581/42 38 0

Mailadresse: goerlitz-zittau@volkssolidaritaet.de

Dr. rer. soc. Hermann Heitkamp, Professor em.

Hochschule Zittau/Görlitz (FH), Fachbereich Sozialwesen

Korrespondenzanschrift: Postfach 300 648

02811 Görlitz

Telefon: 0049 (0)3581/48 28 122

Mailadresse: h.heitkamp@hs-zigr.de

128

Dr. Hardo Kendschek, Geschäftsführer

komet empirica / empirica ag Leipzig

Korrespondenzanschrift: Schreberstraße 1

04109 Leipzig

Telefon: 0049 (0)341/960 08 20

Mailadresse: kendschek@komet-empirica.de

Diplom-Geograph Franz-Josef Keul

Stadtverwaltung Görlitz, Stadtplanungs- und Bauordnungsamt Görlitz

Korrespondenzanschrift: Hugo-Keller-Straße 14

02826 Görlitz

Telefon: 0049 (0)3581/67 18 10

Mailadresse: fj.keul@goerlitz.de

RNDr. Tomáš Kučera, CSc., internes Mitglied

Karls-Universität Prag, Naturwissenschaftliche Fakultät, Geographisches Institut, Abteilung Demographie und Geodemographie

Korrespondenzanschrift: Albertov 6

128 43 Prag 2

Telefon: 00420 221 951 417

Mailadresse: kucera@natur.cuni.cz

Joachim Paulick, Oberbürgermeister

Korrespondenzanschrift: Untermakt 6-8, Rathaus

02826 Görlitz

Telefon: 0049 (0)3581/67-0

Mailadresse: info@goerlitz.de

Diplom-Ingenieur Lutz Penske, Architekt

Stadtverwaltung Görlitz, Leiter Stadtplanungs- und Bauordnungsamt Görlitz

Korrespondenzanschrift: Hugo-Keller-Straße 14

02826 Görlitz

Telefon: 0049 (0)3581/67 21 45

Mailadresse: l.penske@goerlitz.de

RNDr. Radim Perlín, Fachassistent

Karls-Universität Prag, Naturwissenschaftliche Fakultät, Geographisches Institut, Abteilung Sozialgeographie und regionale Entwicklung

Korrespondenzanschrift: Albertov 6

128 43 Prag 2

Telefon: 00420 221 95 1383

Mailadresse: perlin@natur.cuni.cz

Diplom-Ökonom Michael Schulz, Geschäftsführer

IMMOFANT-Immobilien GmbH Görlitz

Korrespondenzanschrift: Berliner Straße 24

02826 Görlitz

Telefon: 0049 (0)3581/40 21 05

Mailadresse: schulz@immofant.com

Dr.oec. habil. Gisela Thiele, Professorin

Hochschule Zittau/Görlitz (FH), Fachbereich Sozialwesen

Korrespondenzanschrift: Postfach 300 648

02811 Görlitz

Telefon: 0049 (0)3581/48 28 130

Mailadresse: g.thiele@hs-zigr.de

Dr. Bernhardt Wachtarz, Amtsarzt

Stadtverwaltung Görlitz, Gesundheitsamt der Stadt Görlitz

Korrespondenzanschrift: Reichertstraße 112

02826 Görlitz

Telefon: 0049 (0)3581/67 23 25

Mailadresse: b.wachtarz@goerlitz.de

M.A. Steffi Weise, Leiterin Sozialmedizinischer Dienst

Stadtverwaltung Görlitz, Gesundheitsamt der Stadt Görlitz

Korrespondenzanschrift: Reichertstraße 112

02826 Görlitz

Telefon: 0049 (0)3581/67 23 32

Mailadresse: s.weise@goerlitz.de

Dr. phil. Norbert Zillich, Professor

Hochschule Zittau/Görlitz (FH), Fachbereich Sozialwesen

Korrespondenzanschrift: Postfach 300 648

02811 Görlitz

Telefon: 0049 (0)3581/48 28 121

Mailadresse: n.zillich@hs-zigr.de

Görlitzer Beiträge zu regionalen Transformationsprozessen

Herausgegeben von Eckehard Binas, Stefan Kofner, Joachim Schulze,
Gisela Thiele, Norbert Zillich und Erika Steinert

Band   1   Erika Steinert / Norbert Zillich (Hrsg.): Perspektive Pensionopolis! Anfragen an eine alternde
Gesellschaft am Beispiel der Europastadt Görlitz/Zgorzelec in der Euroregion Neiße. 2007.

www.peterlang.de

Bengt Eriksson / Jürgen Wolf

European Perspectives on Elderly People

Ältere Menschen aus europäischen Blickwinkeln

Frankfurt am Main, Berlin, Bern, Bruxelles, New York, Oxford, Wien, 2005.
237 pp., 10 fig., 10 tab.
European Social Inclusion / Sozialgemeinschaft Europa.
Edited by/Herausgegeben von Wolf Bloemers and/und Fritz-Helmut Wisch.
Vol./Bd. 12
ISBN-10: 3-631-50473-X / ISBN-13: 978-3-631-50473-4
US-ISBN: 978-0-8204-6083-3 · pb. € 37.80*

This book is written for an optional module within the scope of a European Master course of study: "European Perspectives on Social Inclusion". It reflects the situation of elderly people in Europe from empirical as well as theoretical points of view. Main life course transitions connected to old age are focused as well as concepts, theories and contemporary thinking among gerontologists. Special attention is given to recent societal trends that might influence aging and the elderly.

Dieses Buch ist ein Wahlmodul im Rahmen eines europäischen Masterstudienganges zu europäischen Perspektiven sozialer Inklusion. Es thematisiert die soziale Lage älterer Menschen und Bedingungen des Alterns aus empirischer und theoretischer Sicht. Wichtige Lebensereignisse und Statuspassagen im Alternsprozess werden ebenso behandelt wie grundlegende Theorien und Ansätze der Gerontologie. Ein besonderer Schwerpunkt liegt auf der Reflexion aktueller gesellschaftlicher Entwicklungen und ihren Konsequenzen für den Alternsprozess und die Lage älterer Menschen.

Contents: Gerontological theories: activity theory, disengagement theory, exchange theory, theory of terotranscendence, the life course perspective · Research methods on aging and the elderly · and many more

Aus dem Inhalt: Gerontologische Theorien: Aktivitätsansatz, Disengagement-Theorie, Austauschtheorie, Theorie der Gerotranszendenz · u.v.m.

 Frankfurt am Main · Berlin · Bern · Bruxelles · New York · Oxford · Wien
Auslieferung: Verlag Peter Lang AG
Moosstr. 1, CH-2542 Pieterlen
Telefax 00 41 (0) 32 / 376 17 27

*inklusive der in Deutschland gültigen Mehrwertsteuer
Preisänderungen vorbehalten
Homepage http://www.peterlang.de